DOKÉO 9/12 ANS
ARTS, LOISIRS, SPORTS

Direction de la publication : Dominique Korach
Direction éditoriale : Céline Charvet
Direction artistique : Jean-François Saada et Frank Sérac
Conception graphique : Jean-François Saada
Édition : Marie Baird-Smith, Cécile Jugla, Ariane Léandri
Maquette : Agnès Lalle, Lieve Louwagie
Recherche iconographique : Nadine Gudimard, Christine Morel
Fabrication : Jacques Lannoy et Céline Premel-Cabic
Photogravure : Fap

AUTEURS

ARTS, LOISIRS, SPORTS
Julien Hirsinger

ILS ONT MARQUÉ LES ARTS...
Odile Gandon
Catherine Picard

ILLUSTRATEURS

Art Presse
Pascal Baltzer
Robert Barborini

Yves Beaujard
Buster Bone
Cécile Chaumet
Ludovic Debeurme
Philippe Gauckler
Inklink
Emmanuel Kerner
Laurent Lolmède
Philippe Mignon
Bruno Salamone
Olivier Schwartz
Tal Zana

Illustration de la couverture :
Kilia

© Éditions NATHAN, 2004

© Éditions NATHAN, 2006 pour la présente édition

ISBN : 209 251328-1

SOMMAIRE

L'ÉCRITURE	4-5
UN LIVRE, ÇA SE FAIT COMMENT ?	6-7
DES HÉROS PLEIN LES PAGES	8-9
TECHNIQUES DES ARTS PLASTIQUES	10-11
LE MUSÉE IMAGINAIRE	12-13
L'ARCHITECTURE	14-15
DE LA PHOTO... AU CINÉMA	16-17
LE CINÉMA : ON TOURNE !	18-19
LE THÉÂTRE	20-21
LES INSTRUMENTS DE MUSIQUE	22-23
LA MUSIQUE CLASSIQUE	24
BLUES, JAZZ, ROCK ET CIE	25
LA DANSE / LA MODE	26-27
L'INFORMATION	28-29
INTERNET	30

DOSSIER :
LE SPORT — 31

Gymnastique — 32
Athlétisme — 32-33
Sports de combat — 33
Sports de ballon — 34
Sports de balle — 35
Sports d'eau / Sports d'hiver — 36-37
À cheval / À vélo / Sports extrêmes — 38-39
En auto — 39

ILS ONT MARQUÉ LES ARTS...	40-43
QUIZZ	44-45
INDEX	46-47

Il était une fois l'écriture

Les Sumériens inventent l'écriture pour se repérer dans la gestion de leurs stocks de blé ! Avec cette invention commence l'histoire. Chaque civilisation a développé son système d'écriture…

L'écriture naît chez **les Sumériens**, en Mésopotamie, il y a 5 000 ans. Ces derniers utilisent des dessins qui vont peu à peu se styliser et prendre la forme de clous. D'où le nom d'écriture cunéiforme.

Peu de temps après, **les Égyptiens** commencent à écrire en hiéroglyphes. Ceux-ci symbolisent un objet, un son ou une syllabe. Le sens de lecture se fait de droite à gauche ou de gauche à droite. Pour écrire plus rapidement, les scribes inventent une écriture simplifiée : le démotique.

L'écriture

Le français s'écrit à l'aide d'un alphabet. Mais ce n'est pas le cas de toutes les langues. À travers le monde, il existe trois systèmes d'écriture pour transcrire le langage.

Totalement illisibles, ces écritures !

Depuis 200 ans, quelques chercheurs de génie s'évertuent à déchiffrer des écritures oubliées : écriture cunéiforme, hiéroglyphes ou encore runes scandinaves. Mais quelques écritures perdues n'ont pas encore livré leur secret : le linéaire A de Crête, l'écriture maya ou celle de l'île de Pâques.

Les Japonais utilisent 2 systèmes d'écriture syllabaires : katagana et hiragana. Mais ils utilisent aussi quelques idéogrammes chinois ! Pour lire un magazine japonais, on commence par la dernière page.

bonbons japonais au litchi

Signes, lettres, dessins…

Les alphabets regroupent des signes ou des lettres qui symbolisent un son. Les systèmes syllabaires utilisent des signes qui représentent des syllabes. Dans les systèmes pictographiques ou idéographiques, on se sert d'un dessin ou pictogramme pour désigner un objet ou d'une combinaison de dessins pour exprimer une idée.

Chiffres arabes…
… ou chiffres arabes ?

Au XVᵉ siècle, les Européens abandonnent les chiffres romains (I, II, III, IV, V…) pour les « chiffres arabes » (venus d'Inde !). Ils leur font subir d'importantes modifications graphiques.

harissa tunisienne

L'alphabet arabe s'est diffusé avec l'islam. Aussi, il est aujourd'hui utilisé pour écrire des langues non arabes, comme le persan. Cette écriture sacrée qui se lit de droite à gauche a inspiré un art de la calligraphie extraordinaire.

١٢٣٤٥٦٧٨٩٠

« les » chiffres arabes

1 2 3 4 5 6 7 8 9 0

« nos » chiffres arabes

pain azyme israélien

haricots blancs en sauce israéliens

Comme l'alphabet arabe, **l'alphabet hébreu** ne comporte que des consonnes. Longtemps réservé aux textes sacrés, il est aujourd'hui couramment utilisé en Israël.

Des outils pour écrire

Au fil du temps et selon les lieux, les outils et les supports d'écriture se sont transformés, par souci d'efficacité et de rapidité.

Le scribe **sumérien** écrit sur de l'argile avec un calame, une pointe de roseau taillé.

Le scribe **égyptien** utilise aussi un calame pour écrire à l'encre noire ou rouge sur une feuille de papyrus.

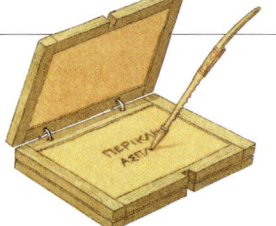

À **Rome** ou à **Athènes**, on écrit encore sur du papyrus. Les textes officiels sont gravés dans la pierre.

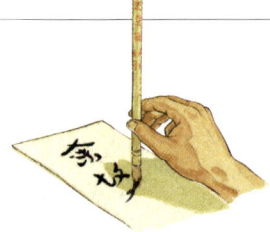

Au Iᵉʳ siècle, les Chinois fabriquent du papier avec des écorces d'arbre.

Vers 1000 av. J.-C., **les Phéniciens** sont les premiers à codifier un alphabet. Il est fait de 22 consonnes représentant toutes les articulations possibles du langage. Ils écrivent de droite à gauche.

Trois siècles plus tard, **les Grecs** créent leur propre alphabet à partir de l'alphabet phénicien. Ils transforment certaines consonnes en voyelles et inventent la ponctuation. La lecture se fait de gauche à droite. Les deux premières lettres, *alpha* et *beta*, sont à l'origine du mot… alphabet.

Les Romains se dotent d'un alphabet assez proche de celui des Grecs et formé de 26 lettres. Dès sa création au Ier siècle av. J.-C., cet alphabet latin va s'imposer presque partout en Europe, souvent de force. Il est aujourd'hui le plus répandu dans le monde.

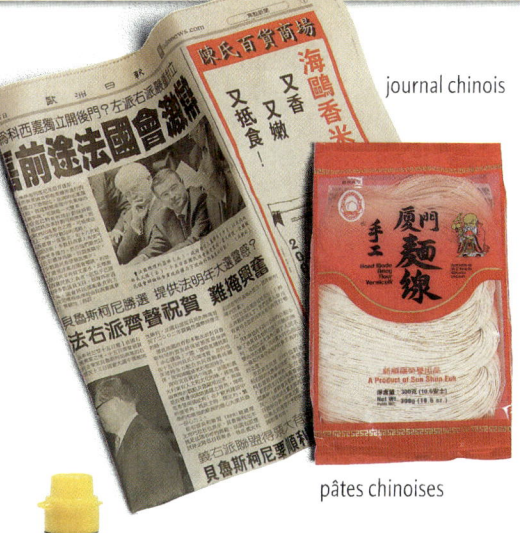

journal chinois

Pour écrire un mot **chinois,** on le représente par un symbole ou idéogramme. Chaque nouveau mot donne naissance à un symbole, souvent formé par addition d'idéogrammes déjà existants. Le plus gros dictionnaire de chinois recense ainsi 44 500 idéogrammes différents !

pâtes chinoises

Tout comme il y a plusieurs langues, il existe, en **Inde,** plusieurs alphabets : devanagari, bengali, gurmukhi, brahmi, tamoul… Le bouddhisme s'est diffusé en écriture brahmi dans plusieurs pays d'Asie. Aussi les alphabets tibétains, **thaïlandais,** khmers ou birmans appartiennent-ils à la même famille, même s'ils sont très différents.

poisson fumé en poudre thaïlandais

bétel indien

De l'oral à l'écrit

L'écriture n'est pas universelle. Parmi les 3 000 langues encore parlées dans le monde, seule une petite minorité s'écrit. Les autres restent simplement orales. Par ailleurs, uniquement 1 adulte sur 2 est à même de lire et d'écrire sa langue. Et quelle différence entre les pays : l'analphabétisme touche 83 % de la population du Niger et 0,5 % de la population suédoise !

Pour évangéliser les Vietnamiens, les Jésuites portugais ont transcrit **le vietnamien** à l'aide d'un alphabet latin légèrement transformé. L'écriture « chu' quôc-ngu » est devenue officielle au Vietnam.

sauce nuoc mam vietnamienne

thé russe

C'est aussi pour évangéliser les population slaves que l'évêque Cyrille a forgé, au IXe siècle, un alphabet adapté à leurs langues. **Le cyrillique** est notamment utilisé en Russie, en Serbie et en Bulgarie.

Au **Moyen Âge,** en Europe, les moines écrivent avec des plumes taillées sur des parchemins faits avec des peaux de mouton ou de chèvre.

Les Européens inventent l'imprimerie en **1455** et utilisent le papier, qu'ils fabriquent surtout à partir de chiffons.

Au **XIXe siècle,** le stylo à plume de métal est inventé. En **1938,** nouvelle révolution : le stylo à bille !

Aujourd'hui, le disque dur de l'ordinateur ou la clé USB tendent à remplacer le papier. Et le clavier cède la place au stylo optique.

ARTS, LOISIRS, SPORTS

1 L'éditeur a **l'idée** de publier une nouvelle encyclopédie. Il choisit les thèmes abordés et l'angle de traitement. Il définit le nombre de pages et le format. Pour réaliser son projet, il constitue une équipe d'auteurs et de maquettistes.

2 Éditeur, auteur et maquettiste se réunissent pour **définir** précisément le contenu et l'organisation des pages de l'ouvrage, du point de vue du texte et de l'image.

3 L'auteur écrit alors **un synopsis,** une sorte de plan détaillé, qui résume les sujets de la page.

4 À partir de ce synopsis, le maquettiste dessine **un rough,** ou esquisse crayonnée, de la future page. Il permet d'organiser les illustrations (photos, dessins) et les blocs de textes sur la page et de définir l'esprit des illustrations (humoristique, réaliste...).

Un livre, ça se fait comment ?

Pour que son idée se transforme en livre, l'éditeur doit réunir des compétences extrêmement diverses. Prenons l'exemple d'une page de cette encyclopédie. Elle est passée dans bien des mains avant d'échouer entre les tiennes...

cyan + magenta + jaune + noir   cyan + magenta + jaune   cyan + magenta

13 Le traceur a été validé. On peut **imprimer** sur une grande feuille les pages d'un même cahier. La feuille traverse quatre « groupes ». Chaque groupe imprime une couleur différente (cyan, magenta, jaune, noir). À la sortie, la feuille a pris toutes ses couleurs.

cahier

14 On découpe la grande feuille pour faire **un cahier** de 32 pages. On le coud aux autres cahiers de l'encyclopédie. *Dokéo* est ainsi composé de 12 cahiers de 32 pages et de 1 cahier de 16 pages.

carton — pages de garde — dos — couverture

rabat — bordure du rabat repliée — 4ᵉ de couverture — tranche

15 Dernière étape de fabrication : **la couverture** en carton est recouverte d'une feuille imprimée. Les pages de garde sont collées à la couverture pour fixer le premier et le dernier cahier.

Dokéo est **prêt !**

16 En attendant leur sortie sur le marché, on **stocke** les encyclopédies chez un distributeur. Le tirage (le nombre d'encyclopédies imprimées) a été défini au départ.

6a Une fois validés par le maquettiste, ces dessins sont mis en couleur par l'illustrateur : **les illustrations** sont réalisées sur ordinateur ou sur papier.

7 Sur son ordinateur, le maquettiste ordonne les différents éléments de la page : dessins, photos et textes. Il a choisi les caractères, leur taille… **Sa maquette** doit être claire et attrayante.

5a Le maquettiste envoie le rough à l'illustrateur, qui commence par dessiner au crayon les illustrations : ce sont **des crayonnés.**

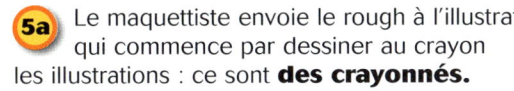

5b À partir du rough, l'iconographe recherche dans des agences **les photos** à insérer dans la page.

6b Il apporte **un choix de photos** à l'éditeur, qui sélectionne celles qu'il veut.

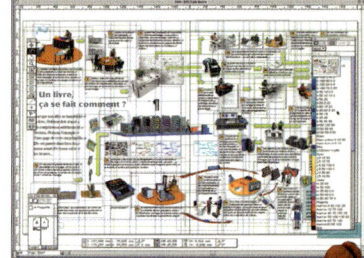

5c L'auteur écrit **son manuscrit** en veillant à respecter la longueur, ou calibrage, des blocs de textes prévus par le rough.

6c Ce manuscrit est envoyé à l'éditeur qui corrige le texte et demande, si nécessaire, **des aménagements** à l'auteur.

9 Une fois corrigée, la maquette est enregistrée sur **un zip** (grosse disquette). Ce zip est envoyé au photograveur.

8 La page est confiée à **un correcteur** qui corrige les erreurs et fautes d'orthographe.

cyan

12 L'imprimeur positionne les pages du livre sur des grandes feuilles de papier, qui, une fois pliées, deviendront les cahiers. L'éditeur et le maquettiste vérifient sur **ce traceur** que l'ordre des pages est correct.

11 Les épreuves de chaque page sont relues par l'éditeur et le maquettiste. Ils demandent **les dernières corrections** de texte ou de couleurs d'images. Le CD de la maquette corrigée part chez l'imprimeur.

10 Le photograveur scanne, c'est-à-dire qu'il transforme en fichiers informatiques, les différents éléments de la page et réalise **une épreuve numérique** qui se rapproche de l'aspect final de la page.

17 Plusieurs mois avant la sortie de l'encyclopédie, **les représentants** l'ont prévenue aux libraires et aux hypermarchés.

18 Pour faire connaître *Dokéo*, **l'attaché de presse** utilise plusieurs moyens : envoi de livres et de plaquettes de présentation aux journalistes, afin qu'ils en fassent une critique, organisation d'une conférence de presse…

19 Les livres commandés ont été livrés par camion aux points de vente. On peut enfin **acheter** *Dokéo*. Deux ans se sont écoulés depuis la première idée de l'éditeur…

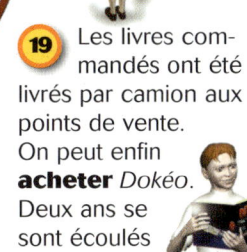

> **Info**
>
> ### L'E-BOOK : UNE NOUVELLE FORME DE LIVRE
>
> Dernière révolution dans la vie du lecteur : l'e-book ou livre électronique. Il permet de transporter sur soi une véritable bibliothèque. Sur ce petit portable, on peut en effet stocker, lire, mais aussi annoter ou souligner toutes sortes de textes : livres, magazines, journaux… Il suffit de télécharger ces textes sur Internet.

ARTS, LOISIRS, SPORTS | **7**

Des héros plein les pages

Conte, fable, roman d'aventures, fantastique ou policier : tous les genres littéraires font naître des héros. Pour certains, la gloire est éphémère. Pour d'autres, plus universels, elle demeure à travers les siècles...

Frankenstein
- Œuvre : *Frankenstein ou le Prométhée moderne* de Mary Shelley (1817)
- Genre : roman de science-fiction
- Signes particuliers : homme artificiel construit par le docteur Frankenstein à partir de morceaux de cadavres.

Alice
- Œuvre : *Alice au pays des merveilles* de Lewis Caroll (1865)
- Genre : récit fantastique
- Signes particuliers : dès qu'elle ferme les yeux, cette petite Anglaise bien élevée a beaucoup d'imagination.

Sherlock Holmes
- Œuvre : *Les aventures de Sherlock Holmes* (1891-1927) de Sir Arthur Conan Doyle
- Genre : roman policier
- Signes particuliers : méthodique et très énigmatique, ce détective excelle dans les révélations-coups de théâtre.

Lancelot du Lac
- Œuvre : *Lancelot ou le Chevalier à la Charette* de Chrétien de Troyes (XIIe siècle)
- Genre : roman de chevalerie
- Signes particuliers : chevalier courtois partagé entre sa volonté de servir le roi Arthur et son amour pour Guenièvre, la femme du roi.

Pinocchio
- Œuvre : *Les aventures de Pinocchio* de Carlo Collodi (1878)
- Genre : roman fantastique
- Signes particuliers : marionnette en bois dont les mensonges sont trahis par un nez qui s'allonge.

Aladin

Rusé et agile, Aladin sait se débrouiller dans la vie. Ces qualités n'échappent pas à un magicien africain qui l'engage pour récupérer une lampe à huile cachée au fond d'une grotte. En un rien de temps, le jeune garçon la retrouve. Il la frotte pour l'essuyer. Miracle ! Un génie apparaît, prêt à satisfaire tous les vœux d'Aladin. Voici une aubaine que le jeune miséreux ne veut pas laisser passer. Mais le vieil enchanteur ne l'entend pas de cette oreille et va tout faire pour reprendre la lampe merveilleuse.
- Œuvre : *Les mille et une nuits* (haut Moyen Âge)
- Genre : conte
- Note : Aladin est toujours un personnage exotique : les Arabes en ont fait un Chinois et les Européens un Arabe !

Dracula

Jeune clerc de notaire britannique, Jonathan Arker se rend dans les Carpathes roumaines, répondant ainsi à l'invitation du comte Dracula, qui désire acheter une abbaye en Angleterre. Mais Jonathan se sent vite menacé dans le lugubre château du comte. Il y a de quoi : Dracula est un vampire, un suceur de sang immortel qui vit dans le monde des ténèbres. Et le monstre a un projet : séduire Mina, la fiancée de Jonathan, qui lui rappelle la défunte épouse qu'il aimait tant...
- Œuvre : *Dracula* de Bram Stoker (1897)
- Genre : roman d'épouvante
- Note : Dracula a inspiré plus de 160 films.

Robinson Crusoé
- Œuvre : *Robinson Crusoé* de Daniel Defoe (1720)
- Genre : roman d'aventures
- Signes particuliers : obligé de survivre sur une île perdue pendant 28 ans, à la suite d'un naufrage.

Tristan et Iseut
- Œuvre : légende courtoise (XIIe siècle)
- Signes particuliers : amants dont la passion scellée par un philtre d'amour brave tous les interdits.

Don Quichotte
- Œuvre : *Don Quichotte* de Cervantès (1605-1615)
- Genre : roman épique
- Signes particuliers : gentilhomme espagnol généreux et idéaliste. Grand amateur de romans de chevalerie, il n'hésite pas à combattre les moulins à vent qu'il prend pour des géants.

Ulysse

Après avoir participé à la victoire des Achéens contre Troie, Ulysse tente de rejoindre son royaume, l'île grecque d'Ithaque. Mais le chemin est rude et particulièrement riche en aventures : Ulysse combat avec succès des monstres marins, tue un cyclope, résiste aux sirènes, tombe amoureux d'une magicienne, puis d'une nymphe... Parviendra-t-il à rejoindre Ithaque et Pénélope, l'épouse qu'il n'a pas revue depuis tant d'années ?
- Œuvre : *L'Odyssée* attribuée à Homère (env. IXe siècle av. J.-C.)
- Genre : épopée
- Note : *L'Iliade* et *L'Odyssée* sont considérés comme les deux premiers chefs-d'œuvre de la littérature occidentale.

Gargantua
- Œuvre : *La vie inestimable du grand Gargantua* de François Rabelais (1534)
- Genre : farce
- Signes particuliers : un géant qui vit, boit, mange démesurément...

D'Artagnan

Gentilhomme gascon sans fortune, le jeune d'Artagnan croise un jour la route d'Athos, Porthos et Aramis, trois vaillants mousquetaires au service du roi Louis XIII. Après l'avoir défié à l'épée, ils comprennent que le petit Gascon est de leur trempe et décident de faire équipe avec lui. « Un pour tous, tous pour un » : c'est le début d'une grande aventure.
- Œuvre : *Les trois mousquetaires* d'Alexandre Dumas (1844)
- Genre : roman de cape et d'épée
- Note : D'Artagnan est un personnage réel dont Dumas s'est inspiré pour créer ce héros de fiction, beau parleur mais extraordinairement courageux.

Tarzan
- Œuvre : *Tarzan, roi des singes* de E.R. Burroughs (1912)
- Genre : roman d'aventures
- Signes particuliers : comte de Greystoke. Bébé recueilli et élevé par des singes à la suite d'un accident d'avion, il devient roi de la jungle sous le nom de Tarzan.

Tom Sawyer
- Œuvre : *Les aventures de Tom Sawyer* de Mark Twain (1876)
- Genre : roman d'aventures
- Signes particuliers : jeune garçon impertinent du Mississippi doté d'un ami inséparable : Huckleberry Finn.

ARTS, LOISIRS, SPORTS

Techniques des arts plastiques

Pour s'exprimer, peintres et sculpteurs ont le choix entre plusieurs techniques. Ce choix n'est pas neutre, car chaque technique imprimera aux formes, aux mouvements et aux couleurs une nature différente.

Le Radeau de la Méduse de Géricault. Étude d'un tableau

Ce tableau raconte une histoire vraie : après une dérive longue et meurtrière, les rescapés du *Radeau de la Méduse* aperçoivent un bateau au loin. Ils tentent désespérément d'attirer son attention. Une tragédie que Géricault met savamment en scène…

① En arrière-plan, presque invisible, **le bateau** souligne avec une cruelle ironie la détresse des naufragés.

La peinture à l'huile

Au XVe siècle, les frères Van Eyck ont l'idée d'utiliser l'huile pour lier les pigments broyés. Cette innovation a bien des avantages. La peinture à l'huile sèche lentement, ce qui permet de retoucher certaines parties du tableau. Et elle est assez compacte et souple pour que l'on puisse superposer plusieurs couches de peinture et créer ainsi du relief.

② **Le clair-obscur** met en valeur les masses saillantes. Pour obtenir un tel brun, Géricault utilise du bitume.

③ Grâce à **la diagonale** lumineuse qui parcourt le tableau, le regard progresse des morts vers les rescapés. Géricault veut-il ainsi faire passer le spectateur de l'horreur à l'espoir ?

④ Pour peindre ses morts avec réalisme, Géricault garde **des cadavres** dans son atelier pendant plusieurs jours.

⑤ Il écarte certains détails afin de ne pas trop choquer le spectateur. Mais l'horreur de la situation est bien soulignée par **l'enchevêtrement** des masses et des corps.

Des outils pour peindre

Pour lier **les pigments** colorés issus de métaux, terres ou bois, on utilise souvent de l'huile de lin.

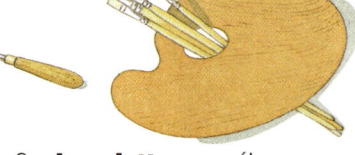
Sur **la palette**, on mélange les couleurs qui seront posées sur la toile avec **couteaux, brosses, pinceaux** et doigts.

On peint sur **une toile** recouverte d'un enduit. Une fois la peinture sèche, on applique **un vernis** mat ou brillant.

L'aquarelle

Fabriquée à partir de pigments et de gomme arabique, l'aquarelle se dissout très facilement dans l'eau. Sa caractéristique : la transparence.

W. Turner, *Coucher de soleil sur le Grand Canal à Venise*

Le pastel

Le pastel était très à la mode au XVIIIe siècle. Simple d'utilisation, il était aussi très apprécié par les impressionnistes du XIXe siècle pour la douceur de ses tons, la fraîcheur de ses couleurs.

E. Degas, *Deux danseuses au repos* ou *Danseuses en bleu*

Le dessin préparatoire

Avant de peindre leur œuvre sur la toile, les artistes dessinent souvent un croquis, une ébauche ou une esquisse. Le matériel du dessin est plus maniable et plus pratique que celui de la peinture.

Pendant sept mois, Géricault réalise pour son tableau 28 **études** de composition et 80 études de figures. Il finit par réaliser à l'encre ce dessin préparatoire.

Le dessin de création

Le dessin peut être une fin en soi, une œuvre à part entière. Au fusain, au crayon ou à l'encre, on peut décrire avec infiniment de nuances le jeu des ombres et des lumières.

Dessin chinois à l'encre de la dynastie Tang, *Caravane sur la route de la soie.*

Des outils pour dessiner

On classe **les crayons** selon la qualité de leur mine en graphite, du plus dur (8H) au plus gras (8B).

On dessine à **l'encre** plus ou moins délayée avec une plume, un calame ou un pinceau.

Le bâtonnet de **sanguine** est fabriqué à partir d'hématite rouge.

On fabrique **le fusain** avec du bois brûlé. Il peut être estompé à l'aide d'une gomme.

Le collage

Adopté par les surréalistes au XXe siècle, le collage permet d'associer à la peinture les éléments les plus divers (papier, carton, métaux...).

G. Braque, *Le quotidien*

La sculpture

La sculpture, c'est l'art des formes et des volumes. La technique la plus ancienne est la taille du bloc de pierre. Mais au cours du temps sont nées d'autres techniques : modelage de la glaise, moulage de métaux, soudage, compression...

Michel-Ange, *David*

La taille

Pour les matières dures (bois, pierre, marbre), il faut tailler. On commence par dégrossir le bloc avant de sculpter au ciseau, à la gradine ou à la gouge. On peut également polir avec de la pierre abrasive.

Des outils pour sculpter

On utilise **un marteau** en bois ou en métal pour taper sur le ciseau et la gouge.

La gouge, arrondie, sert à tailler le bois.

Le ciseau ordinaire et **le ciseau rondelle** sont utilisés pour tailler le marbre ou la pierre.

Le moulage

Les sculptures en métal (bronze, étain, argent, or...) sont généralement fabriquées à partir d'un moule dans lequel on coule le métal en fusion. Le moule peut parfois être de nouveau utilisé pour des reproductions.

C. Brancusi, *Muse endormie*

Le modelage

On peut modeler une sculpture à partir d'une matière souple (terre, cire, plâtre). On façonne avec les mains. On sculpte avec l'ébauchoir, la spatule, la mirette. On peaufine à la lime.

H. Daumier, *Jean-Marie Harlé dit Harlé père, député*

Des formes nouvelles

Matériaux traditionnels et modernes sont assemblés dans des œuvres composites d'un genre nouveau : les «volumes». Calder ou Tinguely se sont ainsi illustrés par leurs sculptures animées appelées «mobiles».

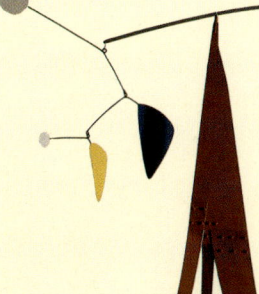

A. Calder, *Janey Waney*

ARTS, LOISIRS, SPORTS

La Préhistoire
L'homme de Cro-Magnon invente le dessin et la peinture sur les parois de grottes. Cet art rupestre met en scène des animaux, de mystérieuses figures géométriques, des empreintes de mains, mais très peu d'humains. Les contours sont dessinés au charbon, les peintures soufflées ou étalées.

L'Antiquité
S'il reste peu de peintures de l'Antiquité grecque et romaine, les ruines de Pompéi témoignent du goût des Romains pour la fresque murale et les peintures décoratives en trompe-l'œil. La mosaïque, assemblage de fragments de pierres, est aussi utilisée.

Le musée imaginaire

Techniques, thèmes, supports et lieux d'exposition : que de changements depuis les premières œuvres rupestres ! Ce musée nous offre un aperçu de l'histoire de la peinture et nous permet d'admirer les sculptures des civilisations anciennes ou primitives.

En plein océan Pacifique, les 600 **moai** de l'île de Pâques taillés dans le tuf, une roche volcanique, gardent tout leur mystère. Les plus anciens ont été érigés au IXe siècle.

Le cubisme
Au début du XXe siècle, Cézanne propose de traiter la nature par des formes géométriques. Il est entendu par Braque et Picasso qui, dans leurs tableaux, représentent alors toutes les faces des objets sur un même plan. Ces formes épurées s'inspirent de celles des masques africains et océaniens.

L'impressionnisme
À la fin du XIXe siècle, les impressionnistes (Monet, Manet, Degas...) peignent en plein air grâce à l'invention de la peinture en tube qui leur permet de quitter leur atelier. Ils veulent représenter la nature telle qu'ils la voient. Pour rendre l'impression de changement des couleurs et de la lumière, ils fragmentent le motif ou font des effets de pâte au grand dam des critiques d'art de leur époque.

L'art abstrait
En 1910, Kandinsky déclare avoir peint une aquarelle abstraite. Par ce terme, il désigne un art qui rompt avec la tradition figurative et qui ne cherche plus à représenter la réalité ni à imiter la nature. Il joue avec les couleurs et les formes pour exprimer des émotions.

Le Pop Art
Représenté par Warhol ou Lichtenstein, c'est le courant pictural le plus marquant de la seconde moitié du XXe siècle. Par la peinture, la sérigraphie, la photographie, le collage, les artistes exploitent de nouveaux sujets, puisés dans une culture populaire (publicité, BD, produits de consommation...) jusque-là méprisée.

Le Moyen Âge

À cette époque, la peinture est surtout religieuse. On la retrouve donc sur les murs des églises, sur les retables en bois (tableaux d'église à trois volets) ou dans les splendides enluminures des livres de prières. Les peintres sont des artisans anonymes qui vont de chantier en chantier. Dragons et autres personnages fabuleux animent leur vision de l'enfer et du paradis.

3

La Renaissance

La peinture à l'huile sur toile fait son apparition. Les thèmes changent : ils ne sont plus exclusivement religieux. L'artisan d'autrefois se transforme en artiste reconnu (Raphaël, Léonard de Vinci, Michel-Ange). Enfin, la découverte de la perspective et du point de fuite permet de restituer sur la toile ce que voit l'œil du peintre. Elle donne ainsi l'illusion d'une troisième dimension, la profondeur.

4

Le baroque

Les peintres baroques du XVIIe siècle puisent souvent leur inspiration dans la vie quotidienne. Ils se distinguent par leurs clairs-obscurs, qui résultent d'un travail très approfondi sur la lumière. Du Caravage à Jordaens, on notera aussi une exubérance des formes, un goût pour le spectaculaire et l'expression des émotions.

5

Le romantisme

L'exotisme, le fantastique et la nature sont les thèmes priviligiés par les peintres romantiques du XIXe siècle comme Delacroix. Pour exprimer leurs sentiments, ils n'hésitent pas à utiliser des formes hardies et torturées.

6

Chez les Indiens d'Amérique du Nord, **les totems** sont des sculptures en bois peint qui racontent l'histoire d'une famille ou d'une tribu.

Cette **femme portant un enfant** est une statuette en bois baoulé de Côte d'Ivoire.

Les tableaux du musée

1. Aurochs de la grotte de Lascaux, 17000 av. J.-C.
2. Fresque de Pompéi : *Lecture pour l'initiation dionysiaque*, Ier siècle av. J.-C.
3. **Les Frères de Limbourg,** *Les très riches heures du duc de Berry : le mois de février,* 1413-1416.
4. **Raphaël,** *La vierge à l'enfant avec le petit saint Jean-Baptiste* dit *La belle jardinière,* 1507.
5. **Jacob Jordaens,** *Le roi boit,* 1640.
6. **Eugène Delacroix,** *Femmes d'Alger dans leur appartement,* 1834.
7. **Claude Monet,** *La cathédrale de Rouen, harmonie bleu et or, plein soleil,* 1893.
8. **Pablo Picasso,** *Portrait de Marie-Thérèse Walter,* 1937.
9. **Wassily Kandinsky,** *Aquarelle (avec tache rouge),* 1911.
10. **Andy Warhol,** *Campbell's Soup Can 1,* 1969.

L'architecture

C'est l'art de construire des bâtiments. À travers le monde, selon les connaissances techniques des hommes et les matériaux dont ils disposaient (pierre, terre, bois, ciment...), les styles architecturaux ont évolué, permettant toutes les audaces et tous les chefs-d'œuvre !

Des livres de pierres...
Des maisons pour vivre, des palais pour gouverner, des lieux saints pour célébrer les dieux, des mausolées pour honorer leurs morts et des bâtiments pour se distraire : selon leurs besoins quotidiens et leur culture, les hommes ont bâti des édifices variés. Autant de lieux qui témoignent de leur histoire.

Habiter

À **Bangkok** (Thaïlande), une ville surpeuplée, on bâtit sur les canaux des maisons en bois sur pilotis.

Au pied des falaises, **les Dogons du Mali** vivent dans des maisons quadrangulaires en terre crue.

Gouverner

Construit en hauteur, **le château fort de Coca** (Espagne – XVe siècle) était censé résister à tous les assauts.

Depuis 1837, **Buckingham Palace** est la résidence officielle des souverains britanniques.

Érigée au XVe siècle dans un immense rectangle protégé par une muraille et un fossé, **la Cité interdite** était la résidence de l'empereur chinois et de sa cour.

Prier

Le Parthénon d'Athènes a été construit en l'honneur de la déesse Athéna au Ve siècle av. J.-C.

Commencée en 1088, l'église abbatiale de **Cluny** est un chef-d'œuvre de l'art roman.

Au IVe siècle à **Teotihuacan,** deux grandes pyramides à degrés ont été édifiées pour honorer la Lune et le Soleil.

Honorer les morts

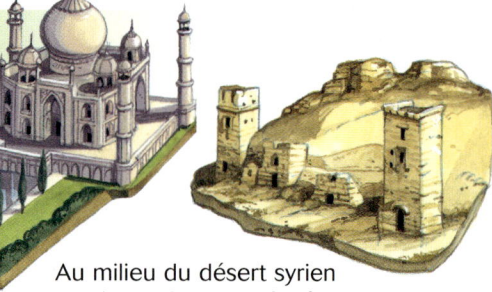

En 1630, Shah Jahn fit construire **le Taj Mahal** à Agra (Inde) pour honorer la mémoire de son épouse défunte.

Au milieu du désert syrien surgissent les tours funéraires de la vallée des tombeaux de **Palmyre** (IIe siècle).

Sur 44 ha, depuis 1804, le cimetière du **Père-Lachaise,** à Paris, abrite de nombreux mausolées (ici celui de Rossini).

Se distraire

Au IVe siècle, le théâtre grec d'**Épidaure** pouvait accueillir 14 000 spectateurs. L'acoustique y est exceptionnelle.

Conçu par Frank Gehry, le lumineux **musée Guggenheim de Bilbao** (Espagne) a été inauguré en 1998.

Pour accueillir la Coupe du monde de football en 1998, **le Stade de France** a été construit à Saint-Denis.

MÉTIER
▶ Architecte

En fonction des volontés du client et des contraintes techniques, je dessine, sur une planche à dessin ou directement sur ordinateur, un avant-projet. Celui-ci est nécessaire pour obtenir un permis de construire. Je surveille ensuite les travaux sur le chantier, après avoir sélectionné les entreprises qui réaliseront le projet. Comme la plupart des architectes, je travaille dans une agence.

Ce type de maisons en briques de terre cuite est très courant à **Amsterdam.**

Cette maison paysanne **irlandaise** est recouverte d'un toit de chaume (paille).

Les grands ensembles des années 1960 ont souvent été construits en béton armé. Ici l'Habitat 67 de Montréal.

Jusqu'au ciel !
Exception faite des cathédrales de Rouen et Lincoln (Angleterre), la pyramide de Khéops était encore le plus haut monument du monde en 1850, près de 4 500 ans après sa construction ! Mais depuis lors, une vague de gigantisme a saisi les grandes capitales. Voici les « monstres » les plus célèbres.

Les beffrois des bâtiments publics européens étaient utilisés comme tours de surveillance. Ici **le beffroi de l'hôtel de ville de Gand** (Belgique – XIIIe-XIVe siècles).

Construit du XIIIe au XIVe siècle, **l'Alhambra,** véritable palais-forteresse, abritait les rois maures de Grenade (Espagne).

Depuis 1800, le président américain réside à Washington dans **la Maison-Blanche.**

CN Tower
(Toronto, Canada, 1976) : 553,33 m

tours Pétronas
(Kuala Lumpur, Malaisie, 1996) : 452 m

Il a fallu 65 ans, de 1160 à 1225, pour construire la grande cathédrale gothique de **N.-D. de Paris.**

Cette cathédrale orthodoxe tout en bois de l'île de **Kizhi** (Russie) date du XVIIIe siècle.

La mosquée du **Dôme du rocher** à Jérusalem (Israël) célèbre l'ascension de Mahomet vers le ciel. Elle date du VIIe siècle.

Construit au XIe siècle, le temple bouddhique d'**Ananda,** à Pagan (Birmanie), est dominé par une splendide stupa de marbre.

Empire State Building
(New York, États-Unis, 1931) : 449 m

Située à Gizeh (Égypte), la grande pyramide de **Khéops** (2600 av. J.-C.) est la plus célèbre des demeures funéraires des pharaons.

Le mausolée **Gour Emir** à Samarkand (Ouzbékistan – XVe siècle) est le tombeau du chef turco-mongol Tamerlan.

tour Eiffel
(Paris, France, 1889) : 318,7 m

L'opéra de Sydney a été dessiné en 1957. Cet édifice en béton préfabriqué est recouvert de tuiles en céramique.

pyramide de Khéops
(Gizeh, Égypte, 2600 av. J.-C.) : 148 m

statue de la Liberté
(New York, États-Unis, 1886) : 96 m

tour de Pise
(Italie, XIIe-XIIIe siècles) : 55 m

ARTS, LOISIRS, SPORTS 15

À la Une
journal à parution quotidienne

PRIX FRANCE MÉTROPOLITAINE : 1 F

La photo est née !

C'est en 1816, à l'âge de 51 ans, que le Français Nicéphore Niépce se lance un pari fou : capturer une image saisie à travers un objectif. Mais pour cela, il lui faut trouver la formule magique : le bon support, recouvert de la substance la plus sensible à la lumière. Après 10 ans de travaux, il parvient enfin à ses fins en utilisant de l'étain recouvert de bitume de Judée.

La table servie de Nicéphore Niépce est **la 1re nature morte photographique** du monde.

Les appareils photo au fil du temps

Le daguerréotype de Daguerre, vendu dès 1839, permet un temps de pose réduit et une meilleure définition de l'image.

Le fusil photographique inventé par Jules Marey en 1882 prend 12 images par seconde.

Avec **le Leica** de 1923 les appareils au format 24 x 36, beaucoup plus maniables, vont s'imposer rapidement.

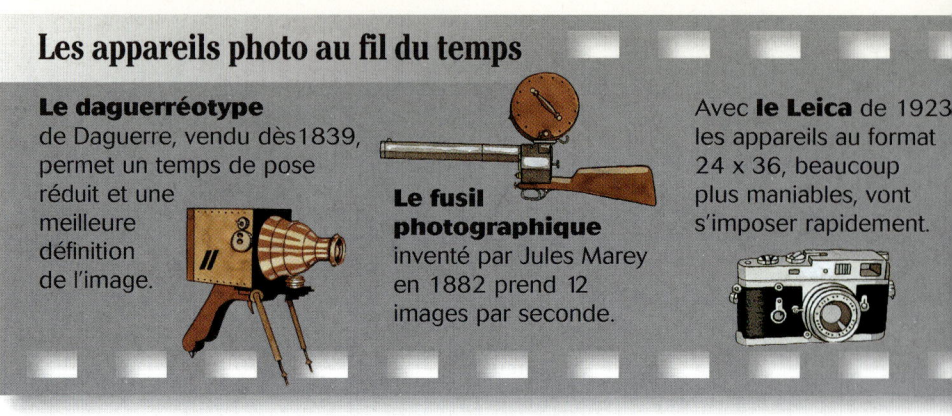

De la photo...

Quand elle témoigne d'un événement, la photo est parfois plus éloquente qu'un article. Mais cette technique n'est pas simplement une reproduction du réel : c'est aussi un art de plus en plus reconnu et estimé.

... au cinéma

En 1895, les frères Lumière inventent le cinématographe, un appareil capable de fixer sur une pellicule les images successives d'une action, puis de les projeter, dans l'ordre, sur un écran. L'illusion est si parfaite que les premiers spectateurs sont effrayés.

Lifeboat d'A. Hitchcock (1943)

Au début des années 1930 naît la technique de **la rétroprojection** : on place les acteurs devant un écran translucide sur lequel est projeté, depuis l'arrière, un décor animé. Ce procédé est très utilisé pour filmer les personnages en voiture ou dans un autre moyen de transport.

Décors et effets spéciaux

C'est Georges Méliès qui crée le cinéma de fiction avec plus de 500 films entre 1896 et 1913. Ce magicien, inventeur des 1ers truquages, a contribué à faire du cinéma un art de l'illusion. Ainsi a-t-il résolu la question de l'intégration d'un personnage dans un décor en le filmant devant une toile peinte ou un décor de théâtre. Depuis, de nombreux effets spéciaux ont été inventés...

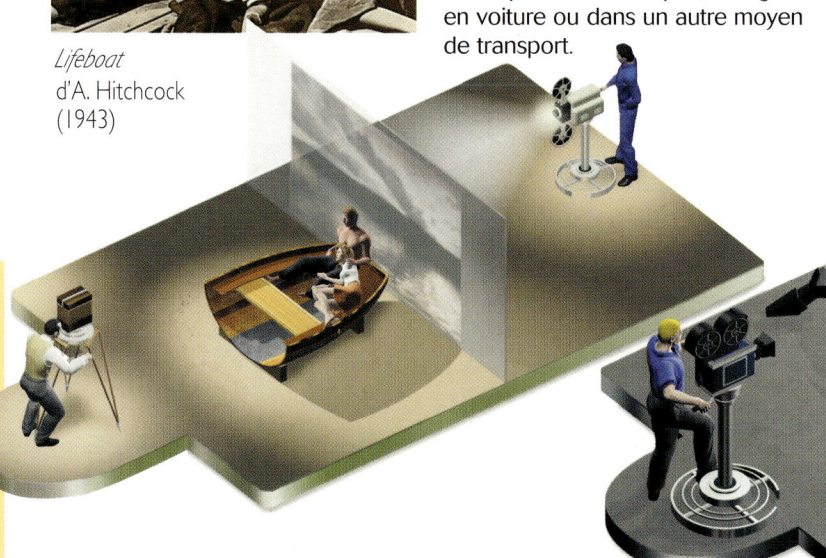

Le cinéma au fil du temps

1895 : 1re projection publique au *Grand Café* à Paris des films des frères Lumière dont *L'arroseur arrosé*.

1896 : 1re salle de cinéma à Lyon.

1897 : 1er studio de cinéma créé par Georges Méliès à Montreuil.

1911 : 1er studio à Hollywood, le studio Nestor.

1927 : 1er film parlant et chantant *Le chanteur de jazz* d'Alan Crosland.

Le Polaroïd « imprime » une épreuve instantanée sur papier. Le 1er appareil apparaît en 1948 ; il est popularisé en 1970.

L'instamatic, lancé en 1963, est un appareil à petit prix sans réglage à effectuer. Pour ceux que la technique rebute !

Dans les années 1980, **les reflex autofocus** sont des appareils robotisés avec différents objectifs.

En 1986 apparaît le 1er **appareil jetable**. Une seule utilisation pour ces appareils simples et légers au prix minimal.

En 1990, **l'appareil numérique** sans pellicules enregistre les photos sous forme de fichiers informatiques. Un écran permet de les visionner aussitôt.

De l'image fixe à l'image animée

Au début, les photographes ne saisissent qu'une réalité figée. Et pour cause ! Du temps des daguerréotypes, le sujet devait poser, immobile, près de 2 mn, pour que la pellicule soit impressionnée et qu'on obtienne une image précise. Mais peu à peu, le temps de pose diminue et des photographes comme Marey ou Muybridge réussissent à photographier des sujets en mouvement. Ces progrès conduisent à l'invention du cinéma qui capture et reproduit le mouvement au rythme de 24 images par seconde.

Sujet, angle et composition font la valeur de la photo d'art, que ce soit dans le photoreportage (Robert Capa), dans la photo sur le vif (Robert Doisneau) ou dans la mise en scène picturale (Man Ray). Ici, *Central Park, New York* d'**Elliott Erwitt**.

En 1878, l'Américain **Muybridge** prend une série d'images d'un cheval au galop avec 12 appareils.

Superman de R. Donner (1978)

À la fin des années 1970, le trucage numérique permet de mélanger les images. Ainsi, pour créer l'illusion qu'il vole, Superman, attaché à des câbles, est filmé devant un fond bleu. Un ventilateur agite sa cape. Puis cette scène est mixée sur ordinateur avec des prises de vue de New York. C'est la technique du **« Blue screen »**.

Dans les années 1980, le trucage numérique évolue. Ici, le personnage a été filmé en décor naturel. Sur ordinateur, des **« tracés filaires »** des dinosaures sont dessinés en 3 dimensions. Les animaux sont ensuite recouverts de leur peau, puis, toujours sur ordinateur, insérés dans la 1re scène qui a pu être retouchée, afin de rendre le trucage invisible.

Jurassik Park de S. Spielberg (1993)

Y a un truc !

Pour envoûter le spectateur, il faut jouer avec ses yeux, mais aussi avec ses oreilles. C'est le travail du bruiteur, qui crée et amplifie les effets sonores à l'aide d'astuces. En voici quelques-unes !

En froissant une bande magnétique, on obtient le bruit de **l'incendie**.

La manivelle du vieux moulin à café imite à la perfection le roulis **des vieilles charrettes**.

En compressant un paquet de maïzéna, on simule le bruit **des pas dans la neige**.

Rien ne vaut le bruit des timbales en plastique frappées sur du lino pour imiter **le pas du cheval**.

1932 : 1er film technicolor (procédé trichrome) : le dessin animé *Flowers and trees* de Walt Disney.

1953 : 1er film en Cinémascope et son stéréophonique, *La Tunique* d'Henry Coster.

1971 : 1er film en son Dolby stéréo, *Orange mécanique* de Stanley Kubrick.

1996 : 1er long métrage tourné en DV (caméra numérique).

ARTS, LOISIRS, SPORTS

Le cinéma : on tourne !

Pellicule, personnel, matériel, promotion : pour faire un film, il faut mobiliser des moyens gigantesques. Ainsi, un film français coûte en moyenne 3 millions d'euros !

Avant

Le scénario
Le scénario dialogué conte l'histoire du film. L'idée de départ peut être proposée par le producteur, le réalisateur ou le scénariste lui-même.

La production
Intéressé par cette idée, le producteur tente de rassembler des financements : prêts bancaires, aides publiques, prévente aux chaînes de télévision…

Le casting
Les acteurs (premiers et seconds rôles, figurants) sont sélectionnés lors du casting. Les grandes stars permettent d'attirer des financements.

Pendant

Le film a trouvé un financement. Le tournage peut commencer. Il dure généralement 4 à 10 semaines, en studio ou en décor naturel. Il réunit les talents de nombreux intervenants.

1. **Le machiniste** pose les rails pour le travelling, déplace les caméras, installe les panneaux réfléchissant la lumière…
2. **Le cadreur** actionne la caméra et règle ses déplacements, sous les ordres du réalisateur.
3. **La maquilleuse** peut utiliser des ajouts en latex pour les transformations complexes.
4. **Le réalisateur,** également appelé « metteur en scène », doit interpréter en images les mots du scénario.
5. **L'assistant-réalisateur** apprend le métier de réalisateur en préparant le travail du metteur en scène (repérage des lieux de tournage, gestion du plan de tournage…).

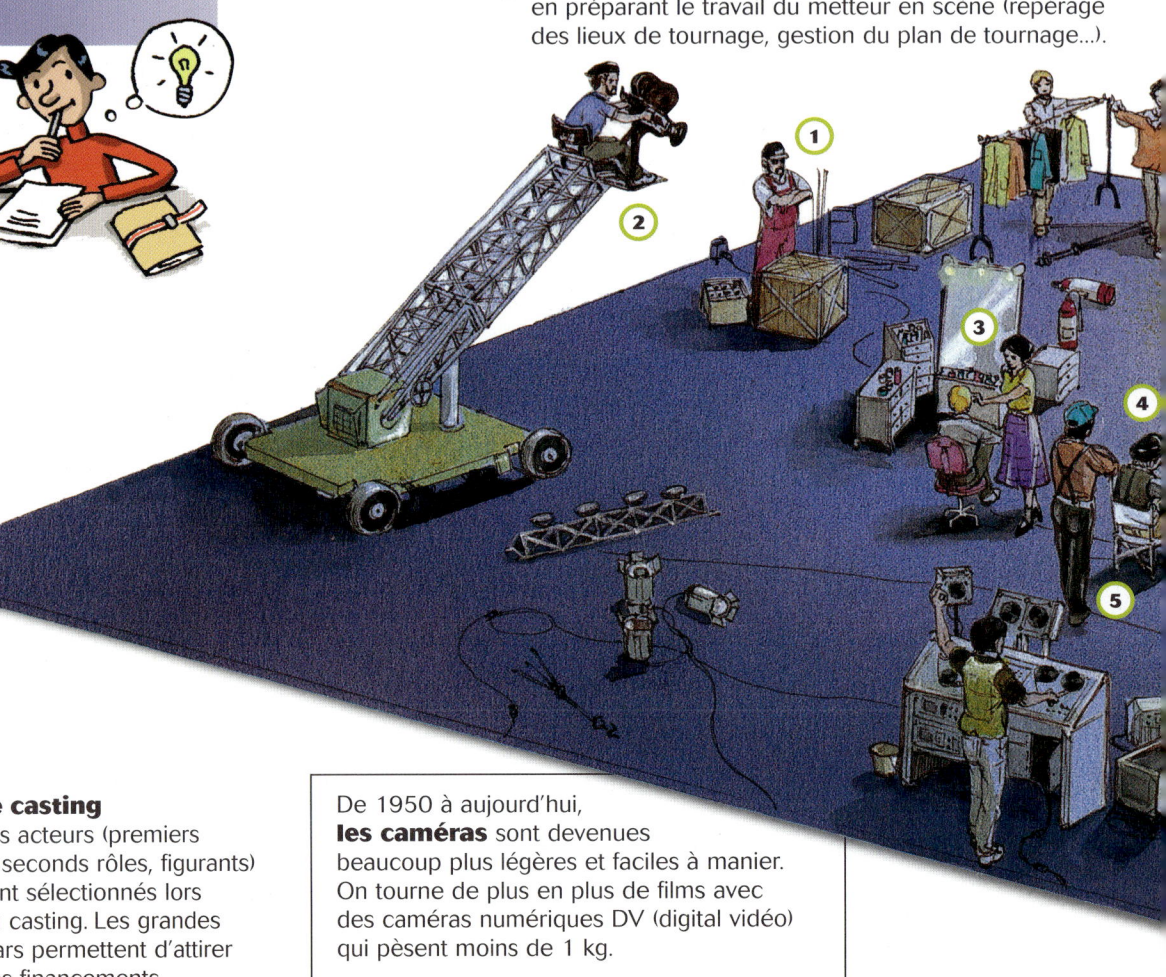

De 1950 à aujourd'hui, **les caméras** sont devenues beaucoup plus légères et faciles à manier. On tourne de plus en plus de films avec des caméras numériques DV (digital vidéo) qui pèsent moins de 1 kg.

Le dessin animé

Ce genre cinématographique connaît un grand succès depuis 1928 et les premiers *Mickey Mouse* de Walt Disney. Pour décomposer, dessiner, puis photographier les mouvements des personnages fictifs, on réunit aujourd'hui des équipes gigantesques qui font un travail de plus en plus minutieux. En voici les grandes étapes à partir du dessin animé *Tarzan* (Walt Disney, 1999).

1. Le croquis est dessiné au crayon. On reporte sur des calques les mouvements des différentes figures animées.

2. Les « traceurs » reportent le dessin des figures animées sur un « cellulo », une feuille transparente. Les « gouacheurs » le colorient.

3. Les dessins sont plaqués sur la partie immobile du décor dessiné. Une caméra photographie l'ensemble. Il faut 24 photos pour faire 1 seconde de dessin animé !

6. **L'accessoiriste** est chargé de fournir tous les accessoires, mais aussi de créer un certain nombre d'effets : vent, pluie, neige…
7. **Le chef opérateur** gère les lumières et choisit les objectifs des caméras.
8. **L'ingénieur du son** coordonne tout le travail de l'équipe son (assistants, perchiste).
9. **Le perchiste** suit le mouvement des acteurs avec son micro qui ne doit jamais entrer dans le champ de la caméra.
10. **Les acteurs** doivent s'armer de beaucoup de patience car, sur un plateau, on passe toujours plus de temps à attendre qu'à tourner.

Des genres variés

Le cinéma s'est développé par genres : western, comédie, comédie musicale, science-fiction, policier… Chaque genre a ses codes que le scénariste et le réalisateur utilisent avec plus ou moins d'originalité.

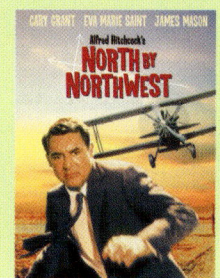

espionnage   fantastique   science-fiction

Après

Le tirage
On développe et on tire les prises utiles. Chaque jour, on visionne ces « rushs » pour repérer les défauts et, le cas échéant, tourner de nouveau les prises ratées.

Le montage
Le monteur fait un « bout à bout » des prises utiles puis affine la bande-son et la transition entre les plans.

La sortie en salles
Une fois le montage achevé, des affiches envahissent la ville pour préparer le public à la sortie du film en salles.

La sortie en DVD et à la TV
Le film sort 1 an après en DVD et vidéo. Après 2 années, il peut être diffusé sur une grande chaîne de télévision.

Un studio, c'est une véritable usine à cinéma. Une usine composée de bâtiments couverts, mais aussi de terrains en plein air, sur lesquels sont reconstitués, en façades, des rues entières ou des grands monuments. Les plus célèbres studios (Warner, Universal…) sont installés à Hollywood (Los Angeles, États-Unis). Mais les plus productifs se trouvent en Inde, où 750 films sont réalisés par an.

20,7 millions, c'est le record du nombre d'entrées d'un film en France. Il est détenu par *Titanic* (1998) de James Cameron.

60 millions de dollars, c'est le montant des droits perçus par Jack Nicholson pour son rôle dans *Batman* (1989) de Tim Burton.

300 000, c'est le record du plus grand nombre de figurants pour la scène de funérailles de *Gandhi* (1982) de Richard Attenborough.

Le film d'animation

Dans les films d'animation (*Toy Story, Fourmiz, Chicken run, Shreck*…), on décompose et photographie les mouvements des différents personnages (marionnettes en bois et en tissu ou figurines modelées dans une matière souple, comme la pâte à modeler). Depuis quelques années, l'utilisation des images de synthèse révolutionne ce genre.

une scène de **Wallace et Gromit** de Peter Lord et Nick Park

ARTS, LOISIRS, SPORTS   **19**

Le théâtre

Né dans la Grèce antique, le théâtre est l'aîné des spectacles vivants. Depuis cette époque, les genres théâtraux, les lieux de représentation, les règles de jeu et d'écriture ont beaucoup évolué. L'objectif reste le même : mettre en scène une vision du monde et de l'homme en distrayant le spectateur et en suscitant chez lui des émotions.

Dans la Grèce antique
Les tragédies de Sophocle et d'Eschyle ou les comédies d'Aristophane sont jouées en plein air dans des théâtres en pierre. Les rôles sont tenus par des hommes qui portent des masques.

Des loges au paradis
Le modèle du théâtre dit « à l'italienne » est encore celui de nombreux théâtres actuels. Une caractéristique principale : la nette séparation de la salle et de la scène par un rideau et une fosse d'orchestre. La scène est surélevée et en pente pour donner aux spectateurs l'illusion de la profondeur. Devant les acteurs : le public de l'orchestre. Plus haut : celui des galeries semi-circulaires superposées ; la plus haute, où les places sont les moins chères, est surnommée le paradis ou le poulailler.

② **Le metteur en scène** doit transformer un texte en spectacle. Il interprète les indications de mise en scène (didascalies) parfois laissées par l'auteur.

① **Le régisseur son** règle les effets sonores (musique, bruitages...) pendant la représentation.

④ **Le rideau d'avant-scène** permet de cacher, entre deux actes, les changements de décors ou les sorties des comédiens.

⑤ **Le rideau de fer** sert à séparer la scène de la salle en cas d'incendie.

③ Dans le théâtre classique, **les comédiens** étaient destinés à des « emplois » fixes : valet, ingénue, jeune premier... Mais aujourd'hui, les metteurs en scène attribuent les rôles avec une plus grande liberté.

⑥ Les changements de décors se font grâce à un système de poulies, **les cintres** ou **« dessus »**.

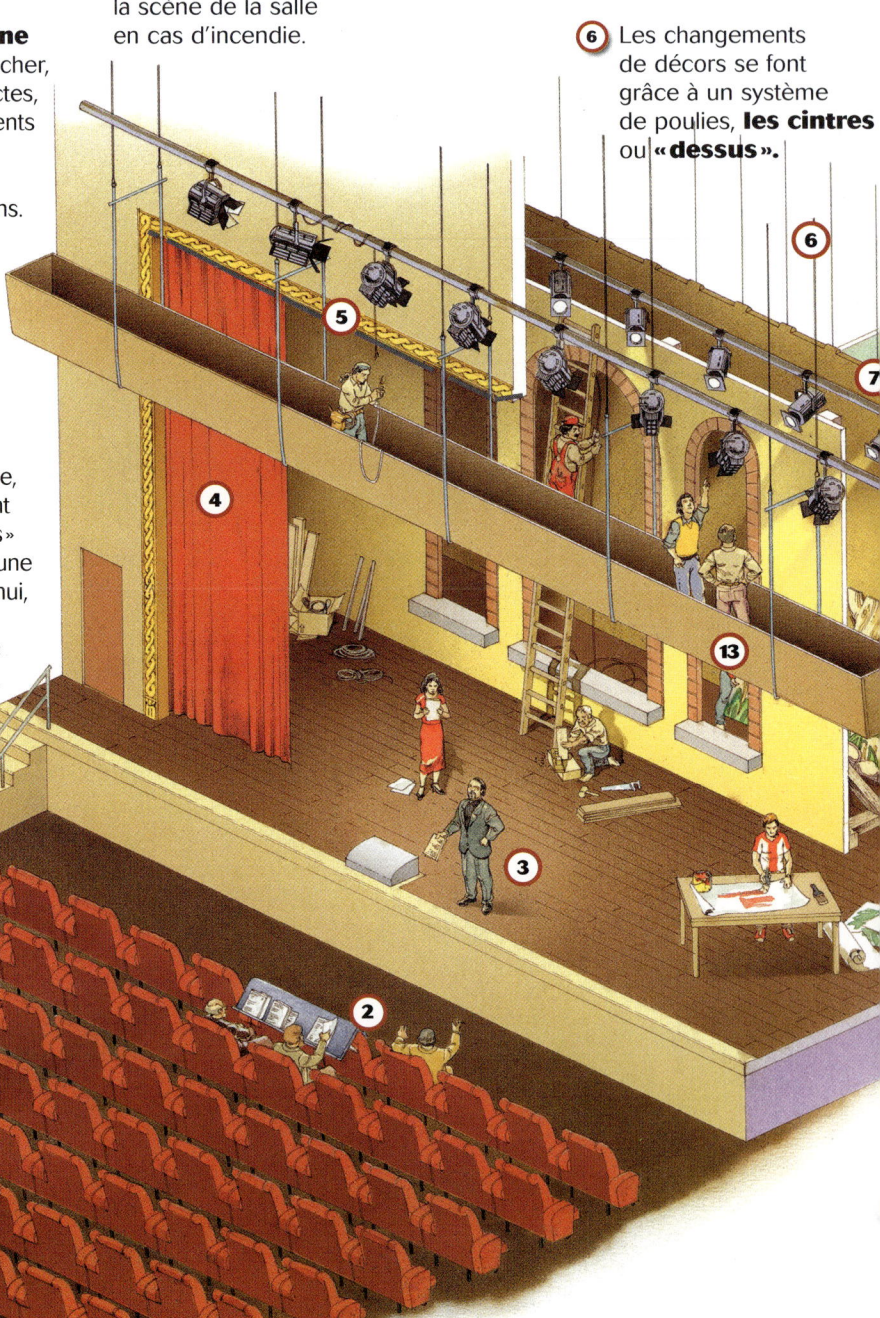

Au Moyen Âge

Pour agrémenter la messe, on monte des spectacles en latin mettant en scène la vie religieuse. Ces miracles et ces mystères gagnent bientôt le parvis de l'église et la rue, dont ils prennent le langage.

Le théâtre classique

Au XVIIe siècle, les tragédies de Corneille et de Racine, les comédies de Molière sont écrites en vers et jouées dans des salles couvertes. Elles respectent une règle stricte : l'unité de lieu, de temps et d'action.

Autres scènes, autres spectacles

Né au XVIIIe siècle, **le cirque** s'est vite trouvé ses héros : dompteurs, clowns, écuyères, fildeféristes… Les numéros qui s'enchaînent sous le chapiteau ont tous un point commun : l'acrobatie.

Les histoires contées par **les marionnettes de Java** (Indonésie) sont généralement inspirées du *Mahābhārata* ou du *Rāmāyana*, deux grandes épopées indiennes. Il existe plusieurs écoles. Dans celle du Wayang Golek, la plus célèbre, les marionnettes sont en bois peint.

⑦ L'éclairage des **herses** est dissimulé dans les cintres.

⑧ On ne trouve pas que des vêtements dans **la garde-robe** de la costumière, mais aussi tous les accessoires (masques, perruques, bijoux, armes…) nécessaires au réalisme ou à la beauté du spectacle.

⑨ Le travail de **la maquilleuse** a changé depuis l'époque de Molière, où tous les comédiens avaient le visage blanchi à la céruse, l'œil noir, les joues et la bouche rouges.

⑩ Dans les coulisses, **les loges**, individuelles ou collectives, sont réservées aux artistes. Ils s'y préparent pour la représentation.

⑪ **Les décors** construits ont pris progressivement le pas sur les décors peints.

⑫ En jouant de manière de plus en plus sophistiquée avec la profondeur de la scène, **le décorateur** s'est transformé en véritable scénographe.

⑬ Depuis le XIXe siècle et la disparition des bougies, **le régisseur lumière** est devenu un véritable artiste électrique.

Cats, Jesus-Christ Superstar, A Chorus Line, Grease : c'est sur Broadway, un quartier au cœur de New York, que naissent les plus grands succès de **la comédie musicale** qui mélange théâtre, chant et danse moderne.

Une « scène » qui évolue

Au XIXe siècle, les pièces romantiques de Hugo ou de Musset rompent avec les règles classiques. Elles présentent les différents traits de la nature humaine avec un souci de réalisme. Labiche ou Feydeau, eux, la décrivent d'une manière plus comique et inventent ainsi le « théâtre de boulevard ». Au XXe siècle, Beckett et Ionesco mettent l'accent sur l'absurdité du monde et la difficulté à communiquer. C'est le « théâtre de l'absurde ».

Gardiens de la tradition orale et musicale de l'Afrique noire, **les griots** content et chantent en s'accompagnant au balafon ou à la kora. De génération en génération se transmettent ainsi histoires et légendes.

ARTS, LOISIRS, SPORTS

Les instruments de musique

On a retrouvé des instruments de musique sumériens vieux de 5 000 ans. Mais la naissance des premiers instruments est sans doute plus ancienne. Dans le monde, il existe des milliers d'instruments adaptés à toutes les musiques et toutes les occasions. Aujourd'hui 1 Français sur 10 joue d'un instrument.

La voix

La tessiture indique l'étendue des sons que l'on peut chanter. Du plus aigu au plus grave, on distingue les sopranos, les mezzo-sopranos et les contraltos chez les femmes ; les ténors, les barytons et les basses chez les hommes.

Le home studio : un orchestre chez soi !

Dans un home studio, différents « outils », consoles d'enregistrement (4 à 64 pistes) et processeurs d'effets (écho, distorsion...) sont souvent concentrés sur un simple ordinateur ! Ils sont complétés par :

le sampler : c'est une banque de sons.

le séquenceur : il organise les différentes parties instrumentales entre elles.

la table de mixage : elle règle le volume de chaque partie instrumentale.

la boîte à rythme : c'est une banque de percussions.

Les percussions

Frappées, raclées, secouées, pilonnées, les percussions impriment depuis toujours le rythme des chants et des danses. Elles peuvent être en bois (balafon, castagnettes), en métal (grelots, triangle, cymbales), à membrane (tambours).

1. xylophone
2. cabacca (Brésil)
3. djembé (Afrique)
4. derbouka (Maghreb)
5. kalungu (Nigéria)
6. balafon (Afrique)
7. congas (Antilles) 
8. steel drums (Trinidad)
9. triangle
10. grosse caisse
11. maracas (Amérique du Sud)
12. batterie

L'orchestre symphonique

Il se compose de 100 à 150 instruments répartis en 4 sections : cordes, bois, cuivres et percussions. Les musiciens jouent sous la conduite d'un chef d'orchestre. Du bras ou de l'archet, celui-ci imprime le tempo, souligne les nuances et indique l'entrée des instruments.

- 1ers violons
- 2ds violons + harpe
- altos
- violoncelles
- contrebasses
- clarinettes
- bassons + contrebasson
- flûtes traversières
- hautbois
- cors
- trompettes
- trombones + tuba
- percussions

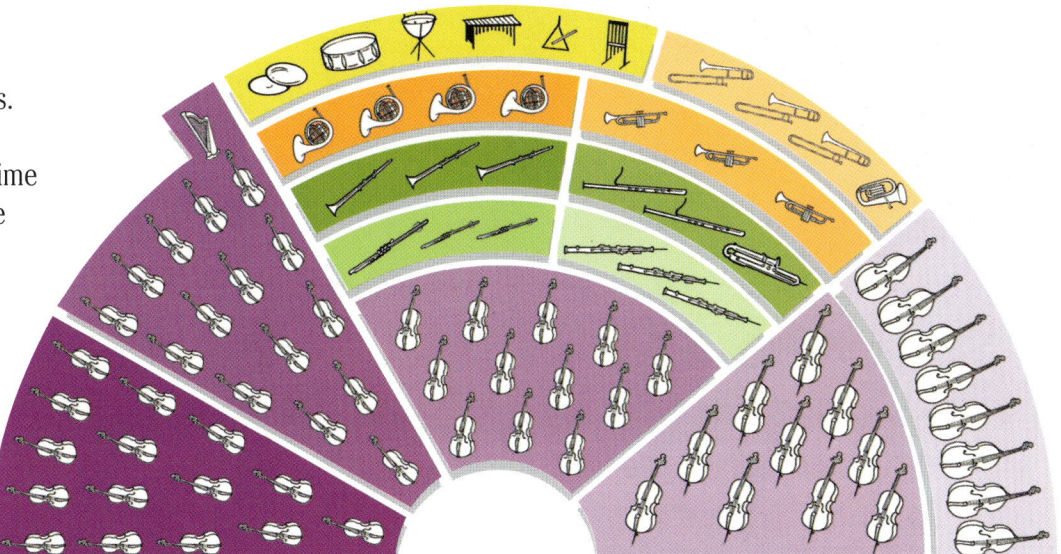

Les instruments à vent

Sans anche (flûte) ou avec anche (clarinette), ils sont en forme de tube. C'est la vibration de l'air soufflé à l'intérieur qui produit le son. Plus le tube est long, plus le son est grave. Les bois et les cuivres sont les deux grands groupes d'instruments à vent.

Les instruments à cordes

Les cordes sont pincées avec les doigts (guitare, harpe, sitar), frottées avec une baguette (koto) ou un archet (violon, alto, violoncelle) ou frappées avec un marteau (piano). Plus la corde est épaisse, longue et détendue, plus elle sonne grave. La caisse de résonance donne du volume au son.

13. saxophone
14. tuba
15. trompette
16. hautbois
17. flûte traversière
18. accordéon
19. flûte de Pan (Amérique du Sud)
20. flûte nasale (Fidji)
21. cornemuse (Écosse)
22. didjeridoo (Australie)
23. piano
24. guitare
25. banjo
26. balalaïka (Russie)
27. sitar (Inde)
28. kora (Sénégal / Guinée)
29. oud (Moyen-Orient)
30. violon
31. koto (Japon)
32. violoncelle
33. contrebasse

ARTS, LOISIRS, SPORTS

La musique romantique

Qu'elles soient pour solistes ou pour orchestres symphoniques, les compositions romantiques s'adressent au cœur plutôt qu'au cerveau. Selon la personnalité du compositeur, le résultat est contrasté : mélancolique chez Chopin, fougueux chez Berlioz.

La musique contemporaine

Après l'emphase romantique, certains musiciens (Satie, Debussy) créent une musique plus aérienne et dépouillée. Mais le XXe siècle connaît bien d'autres écoles et recherches expérimentales, comme les musiques dodécaphonique ou aléatoire.

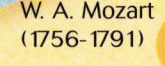
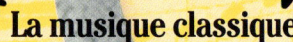

La musique classique

L'orchestre symphonique, la musique de chambre et le piano : voilà les grandes nouveautés du XVIIIe siècle. On y entend des mélodies plus sentimentales qu'à l'époque baroque. Le piano offre en effet un éventail de sons plus nuancé.

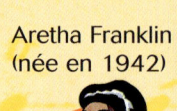

La soul

Ray Charles, James Brown, Marvin Gaye et Otis Redding inventent la *soul music* dans les années 1960. Suave et syncopée, elle donnera naissance au funk, au disco et au rap.

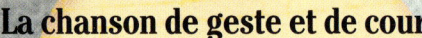

La chanson de geste et de cour

Avec les troubadours et les trouvères, le chant gagne les rues et les cours princières. Au XIVe siècle, les premières partitions instrumentales apparaissent, même si elles servent simplement à accompagner le chant.

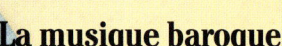

La musique baroque

Tout change au XVIIe siècle. En Italie surgissent les premières pièces chantées de l'opéra. Surtout, l'apparition des orgues, violons et clavecins donne naissance à la musique instrumentale sous différentes formes : sonate, fugue, suite, concerto.

Le chant grégorien

Dans les abbayes et les églises du haut Moyen Âge retentissent les chants grégoriens et leurs savants arrangements vocaux. L'accompagnement instrumental, quand il existe, est secondaire : on ne prend même pas la peine de le noter !

La musique classique

Longtemps, la voix a primé sur les instruments. Ce n'est qu'à la fin du XVIe siècle que naissent les premières partitions purement instrumentales, et avec elles, la musique dite classique. Un terme qui englobe des genres bien différents.

Le disco
À la fin des années 1970 naît une musique très dansante et rythmée appelée «disco». Son rythme plein d'allant et ses habits à paillettes seront rapidement adoptés par les industries du disque et de la mode.

Donna Summer (née en 1948)

Kool and the Gang (débuts en 1969)

Le rap
En 1979, le *Rapper's Delight* de Sugarhill Gang fait naître un nouveau genre musical. Le chant mi-parlé, mi-scandé du rap va connaître un succès extraordinaire dans les années 1990.

Public Enemy (débuts en 1987)

La techno
Le développement des instruments électroniques et des échantillonneurs donne naissance à la techno au début des années 1990. Plusieurs sous-genres se sont développés depuis lors : jungle, dance, house...

Kraftwerk (débuts en 1968)

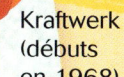

Le reggae
Mélange de calypso, de soul et de ska, le rythme reggae est facilement reconnaissable. Il a été popularisé à travers le monde dans les années 1970 par un artiste exceptionnel : Bob Marley.

Bob Marley (1945-1981)

Duke Ellington (1899-1974)

Le jazz
En 1917 est enregistré le premier disque de jazz. Ces premières notes syncopées donneront naissance à d'innombrables styles : Nouvelle-Orléans, be-bop, cool-jazz, West Coast puis free-jazz, jazz-rock...

Miles Davis (1926-1992)

La pop
Au début des années 1960, le monde est pris d'assaut par les groupes anglais : *The Animals*, *Herman Hermit's* et surtout *The Beatles*. Ils jouent une musique plus mélodique, moins agressive que le rock. On l'appelle «popular music» ou pop.

David Bowie (né en 1947)

The Beatles (1960-1970)

Chuck Berry (né en 1926)

Le rock
Étrange mélange de musique noire (Rhythm and blues) et blanche (country), le rock'n roll explose au début des années 1950. Il va définitivement conquérir le grand public grâce à un jeune camionneur du Tennessee : Elvis Presley.

Elvis Presley (1935-1977)

Robert Johnson (1911-1938)

Le blues
Il est inventé par les Noirs américains à la fin du XIXe siècle. Simplement chanté au départ, il s'accompagne ensuite à la guitare dans un rythme envoûtant et répétitif qui influencera le jazz, puis le rock.

Blues, jazz, rock et Cie

Le premier gospel chanté par les esclaves noirs américains a donné le jour à de nombreux genres musicaux. Au terme d'un métissage entre répertoires blanc et noir, ces musiques populaires occupent aujourd'hui le devant de la scène.

ARTS, LOISIRS, SPORTS 25

La danse

Célébrer les dieux, honorer les morts, invoquer les forces de la nature, préparer au combat ou séduire : il y a autant de danses que de raisons de danser.

Apparu aux États-Unis dans les années 1950, **le rock** a rapidement envahi les pistes de danse du monde entier.

Né à New York dans les années 1970, **le hip-hop** a connu plusieurs transformations : smurf, breakdance, hype...

Accompagnés par les guitares, les danseurs de **flamenco** espagnols jouent de leurs semelles cloutées comme de percussions.

Chez **les Gnawas** du Maroc, une confrérie de musiciens-guérisseurs anime un rite de désenvoûtement au cours de fêtes nocturnes appelées *lilas*.

Née en Allemagne **la valse** fut reine du bal pendant tout le XIXe siècle. Elle reste la danse de couple la plus romantique.

Dérivé du quadrille, **le square dance** était la danse des pionniers américains. On y change souvent de partenaire.

La musique américano-cubaine des années 1970, **la salsa,** a donné son nom à une danse sensuelle très à la mode aujourd'hui.

En tournant comme des toupies, **les derviches tourneurs** musulmans du Proche-Orient espèrent entrer en contact avec le Tout-Puissant.

Pendant le carnaval de Rio (Brésil), le grand défilé du Sambodromo permet de désigner la meilleure école de **samba.**

Lors de **cette danse funéraire dogon** (Mali), le danseur costumé et masqué incarne un personnage mythologique pour rendre hommage au défunt.

Avant de partir en guerre, **les Zoulous** d'Afrique du Sud, le corps couvert de peintures, dansent au rythme des tambours.

Apparu à Buenos Aires (Argentine) à la fin du XIXe siècle, **le tango** a conquis l'Europe dans les années 1920.

La mode

Depuis la confection du premier vêtement, les hommes inventent par leur tenue un bien savant langage.

Futile ou utile ?
Réservé durant plusieurs siècles à une élite, le jeu de la mode est devenu universel. Mais ce jeu oblige à bien des contorsions : fraises, robes à panier, corsets, talons aiguilles et perruques nous rappellent que l'histoire de la mode n'a que bien peu à voir avec celle de l'utilité !

Moyen Âge : coiffure savante pour madame, longues poulaines pointues pour monsieur : voici un couple modèle de seigneurs médiévaux.

Renaissance : fraise au cou et crevés (fentes aux manches avec doublure apparente) pour monsieur. Décolleté et lourd brocart (soie ornée de fils d'or) pour la robe de madame.

XVIIIe siècle : un courtisan perruqué et fardé accompagne sa dame, dont la robe à panier peut atteindre, au sol, une ampleur de 5 m !

26

La polka, cette danse de couple originaire d'Europe centrale, était très populaire au XIXe siècle.

Dans ce spectacle japonais, **le bugaku,** les danseurs sont accompagnés par des musiques d'origine chinoise et coréenne.

Les gracieuses danseuses **khmères** reproduisent les mouvements du Grand Naga, le serpent créateur du Cambodge.

Torse nu et visage peint, les Maoris de Nouvelle-Zélande dansaient et chantaient **le haka** avant d'aller au combat.

La danse classique indienne s'inspire de récits mythologiques interprétés par le langage codé des corps et des mains.

Ornés de peintures et de plumes, **les danseurs aborigènes** (Australie) sont accompagnés par le son envoûtant du didjeridoo.

Le ballet

Au XVe siècle apparaît un nouveau type de spectacle, le ballet, où se mêlent musique, chant, poésie et danse.

Au XVIIe siècle, à la cour de Louis XIV, le ballet est très apprécié. Le roi lui-même danse dans des ballets célébrant sa gloire et chorégraphiés par Lully. La pantomime prend peu à peu le pas sur le chant.

Giselle d'Adam, *Le lac des cygnes* et *Casse-noisette* de Tchaïkovski : les codes de **ces ballets romantiques** du XIXe siècle, avec leur danseuse en ballerines et tutu blanc, régissent encore le monde de la danse dite classique.

En marge du « ballet blanc », des chorégraphes contemporains (Marta Graham, Merce Cunningham, Philippe Découflé...) inventent de nouveaux styles de **danse moderne.**

XIXe siècle : redingote sombre, pantalon à carreaux et favoris pour les hommes. Robe imprimée, crinoline et supplice du corset pour les femmes.

Années 1920 : une silhouette droite, soulignée par une robe à taille basse pour les femmes. Pour les hommes, le pantalon de golf se porte avec un complet-veston.

Années 1940-50 : le *New Look* de Dior réinvente la féminité : jupes amples coupées à mi-mollet, épaules carrées, souliers à talons. Pour monsieur : le costume classique.

Années 1960 : des *mods* aux hippies, la mode change en permanence et se diffuse tous azimuts. Une grande innovation pour les femmes : la mini-jupe.

Années 1970 : peau de mouton, chemise africaine, foulard afghan, pantalon unisexe à pattes d'éléphant sur des sandales en cuir : voilà un parfait couple baba.

2000 : les semelles compensées reviennent et les crânes rasés ne font plus peur. Quelques marques internationales fournissent les « nouveaux uniformes ».

L'information à travers les âges

Les premiers « journaux » s'adressaient à un public restreint : celui qui avait les moyens de les acheter et surtout de les lire. Avec la baisse du coût de fabrication et le développement de l'éducation, ils touchent le grand public au XIXe siècle et se multiplient au XXe siècle. C'est aussi à cette époque que naissent d'autres médias (radio, TV...) : plus faciles d'accès, ils réagissent rapidement à l'événement.

Au XIVe siècle : les 1res feuilles manuscrites de la ville de Venise.

Au XVIIe siècle : les 1ers journaux réguliers imprimés à diffusion restreinte et tirage limité.

Au XIXe siècle : les 1ers journaux grand public à gros tirage.

L'information

Aujourd'hui, avec le câble et le satellite, on peut recevoir de nombreuses **chaînes de TV**. Il y a 30 ans, en France, il n'existait qu'une seule chaîne : l'ORTF.

Ludique ou sérieuse, amusante ou tragique, l'information fait aujourd'hui partie de notre vie. Difficile, même, de faire le tri parmi les milliers de messages que diffusent quotidiennement les médias.

Comment se fait un quotidien ?

Il existe des quotidiens du matin (*Le Parisien, Libération, Le Figaro...*) et des quotidiens du soir (*Le Monde*). Mais dans les deux cas, les étapes de confection restent les mêmes.

À la Une
journal à parution quotidienne

PRIX FRANCE MÉTROPOLITAINE : 1 €

Dans les starting-blocks ①

Les Français ont tranché, même si ce fut avec la plus courte des majorités qu'ait connue la Ve République. Dès demain, Jean-Bernard Dupuis devra s'atteler aux grands chantiers de la France du IIIe millénaire : le chômage, l'insécurité, l'élargissement de l'Union européenne. Autant de thèmes qui ont dominé la campagne présidentielle et sur lesquels Jean-Bernard Dupuis a parfois fait preuve d'avis contrastés, si ce n'est contradictoires.

Jean-Bernard Dupuis élu avec 50,01 % des voix ! ②

Au cœur de la campagne de l'APP (Alliance Pour le Progrès) suspens jusqu'au bout de la nuit...

Au QG de campagne de Jean-Bernard Dupuis, il a fallu attendre 5 heures du matin pour voir enfin sauter les premiers bouchons de champagne. Du jeune artiste bohème à la retraitée en tailleur chic, tout le monde était certain de boire sa première coupe dès 20 heures, au vu des derniers sondages. C'est pourtant le plus grand des suspens qui tint en haleine les militants de l'APP pendant près de 9 heures. Un suspens difficilement soutenable dans une salle, il est vrai, chauffée à bloc.

① Le journaliste recherche un sujet. **Les sources d'information** sont nombreuses : les dépêches des agences de presse, les communiqués des services de presse des grandes entreprises... Il a aussi un réseau d'informateurs qui peut lui révéler des scoops, des nouvelles en exclusivité. Il se réfère également aux autres médias (TV, radio et journaux).

② Lors de **la conférence de rédaction,** les directeurs des différents services (étranger, politique intérieure, sport...) se réunissent sous l'autorité du rédacteur en chef. On choisit les sujets, les angles et le mode de traitement (interview, enquête, reportage...) en veillant à respecter la maquette du journal. Pour écrire son article, le journaliste doit respecter le « calibrage » défini (nombre de lettres maximum).

③ Le journaliste, permanent ou non permanent (pigiste), mène une enquête, croise ses sources ou fait une interview avant de rédiger **son article.** Celui-ci peut être accompagné de photographies, de cartes, de graphiques ou de dessins humoristiques.

En 1920 : 1ʳᵉ émission d'information radio en Grande-Bretagne.

En 1943 : 1ᵉʳ journal télévisé aux États-Unis.

En 1991 : création du World Wide Web (Internet).

14,8 millions d'exemplaires, c'est le record mondial de tirage détenu par le quotidien japonais *Yomiuri Shimbun*.

1,3 million d'exemplaires, c'est le tirage maximum de *Ouest-France*, le quotidien français le plus diffusé.

36 %, c'est le pourcentage de Français déclarant lire un quotidien « tous les jours ou presque ». Ils étaient 60 % en 1967.

5,4 kg, pour 1 612 pages, c'est le poids du journal le plus lourd, le *Sunday New York Times* du 14/09/1987. Les éditions de fin de semaine des journaux américains et anglais sont toujours très volumineuses.

③ INTERVIEW EXCLUSIVE DU NOUVEAU PRÉSIDENT

Jean-Bernard Dupuis : « Nous avons gagné avec le cœur ! »

Marc Hermann : Cette courte majorité est pour le moins inattendue, si l'on se réfère aux derniers sondages. Avez-vous craint de voir la victoire vous échapper, monsieur le Président ?

Jean-Bernard Dupuis : Quels qu'aient été les résultats, j'aurais respecté le choix des Françaises et des Français. Cependant, nous avons gagné avec le cœur. Car depuis nombre d'années, au travers de mes différentes fonctions, dont celle de député-maire, j'ai toujours été à l'écoute des besoins et des demandes de mes compatriotes. C'est ce travail de proximité qui porte aujourd'hui ses fruits.
(suite page 2)

④ Brèves...

Un incendie au bureau de vote d'Ars-en-Ré

La Rochelle (AFP) : Un incendie s'est déclaré peu après 19 heures au bureau de vote n° 3 d'Ars-en-Ré, alors que les scrutateurs s'apprêtaient à dépouiller les bulletins. D'après les premiers éléments de l'enquête, la thèse de l'acte criminel est écartée.

⑤ • Sur le fil...

Les croche-pieds et les coups bas verbaux des deux derniers candidats nous ont donné l'impression d'assister à une bagarre de cours de récré. Avec cette victoire sur le fil de Jean-Bernard Dupuis, les Grecs de l'Antiquité, inventeurs de la démocratie, ont dû se retourner dans leurs tombes. Est-il, en effet, possible de reconnaître le leader de l'APP comme le représentant de tous les Français ?

⑥ Enquête au sein de la galaxie APP

Une banque, une société d'assurances, des villages de vacances, des bureaux de Stockholm à Naples, telle est l'ampleur des biens détenus par Jean-Bernard Dupuis. Un véritable empire ! Sous couvert de l'anonymat, un ancien collaborateur de Jean-Bernard Dupuis décrit le leader de l'APP comme un fauve prêt à tout pour régner dans la jungle politique...
(suite page 4)

Un journal, des articles

Découvre dans ce faux journal les différents articles d'un vrai quotidien.

① **L'éditorial ou « édito »** est écrit par un membre de la rédaction du journal. Il définit l'orientation générale du quotidien.

② Par **le reportage,** le journaliste témoigne de ce qu'il a vu ou entendu.

③ **L'interview** permet de relater un événement du point de vue d'un protagoniste ou d'un observateur.

④ **La brève** décrit un événement en peu de mots.

⑤ **La chronique,** souvent écrite sur un ton humoristique ou décalé, donne un point de vue sur un sujet d'actualité.

⑥ **L'enquête** traite d'un sujet précis, en s'appuyant sur plusieurs sources : étude de dossier, reportage, témoignage.

La désinformation

Il ne suffit plus de voir pour croire. Des logiciels informatiques permettent en effet de manipuler l'image en la retouchant pour embellir, enlaidir ou même supprimer un personnage ou un objet. En voici un exemple avec une photo du procès de Nüremberg (1945-1946).

Avant retouche

Après retouche

④ Les articles sont **maquettés** avec les supports visuels. Puis ils sont **corrigés** par le secrétaire de rédaction (SR) : il aménage leur longueur, rédige les titres, les chapeaux (introductions), et les légendes des photos.

⑤ Le fichier informatique de la maquette est confié à l'imprimeur. Quelques minutes après la fin de **l'impression,** les journaux sont transportés vers les points de vente. Pendant ce temps, à la rédaction, on prépare déjà l'édition du lendemain.

ARTS, LOISIRS, SPORTS

Internet

En aidant à accéder rapidement à l'information, et surtout à la puiser à différentes sources, Internet a révolutionné le monde des médias.

Des militaires au monde entier

C'est en 1969 qu'apparaît ARPANET, le premier réseau informatique. Les militaires américains l'utilisent pour faire communiquer leurs ordinateurs entre eux. Dans les années 1970, chercheurs et universitaires créent d'autres réseaux, sur le même modèle. En 1991, le «réseau des réseaux», le World Wide Web ou «toile mondiale», voit le jour. Le grand public a désormais accès à Internet.

Dans **ce cybercafé** parisien, 375 ordinateurs sont utilisés par les clients pour surfer sur le Web.

Nombre d'ordinateurs connectés à Internet (en millions)

Le nombre d'ordinateurs connectés à Internet double chaque année. En 2000, on comptait déjà près de 407 millions d'utilisateurs, dont 167 millions habitaient en Amérique du Nord.

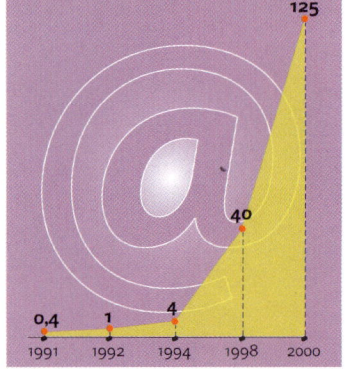

Que trouve-t-on sur Internet ?

Les sites

Une entreprise, une institution ou même un individu : tout le monde peut créer son propre site, sa propre adresse, sur Internet, pour diffuser des informations (texte, image, son), faire de la promotion ou vendre des produits.

À chaque site correspond **une adresse URL.** Cette adresse mène à la page d'accueil (*homepage*) du site.

Cette barre d'outils permet une meilleure navigation. Elle sert à imprimer la page consultée, à constituer un répertoire d'adresses, à revenir à la page précédente...

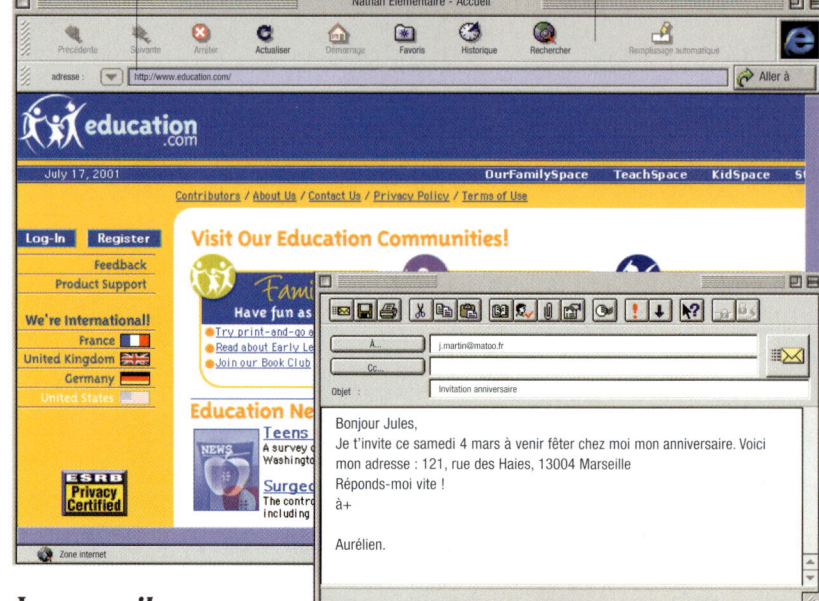

Les *e-mails*

Ce sont des messages écrits électroniques auxquels on peut joindre des fichiers sonores ou visuels.

Les *chats*

Ce sont des espaces de dialogue virtuels où les internautes communiquent entre eux en direct.

Les *newsgroups*

Ce sont des forums de discussion virtuels où les internautes peuvent débattre et échanger des informations sur un sujet précis.

Les smileys

Penche la tête vers la gauche et découvre ces smileys, utilisés par les internautes pour communiquer.

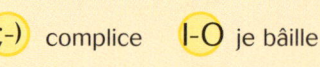

:-) sourire   :-x muet
:D rire   :-* bisous
:-(triste   :-O surpris
:-S j'ai dit une bêtise   :-~ enrhumé
;-) complice   I-O je bâille
:-)) très heureux :] soyons amis

4, c'était le nombre d'ordinateurs connectés en décembre 1969 à ARPANET.

40 % des Canadiens et des Finlandais sont connectés au Web. C'est le pourcentage le plus important pour un pays.

3 millions, c'est le nombre de questions adressées en 30 mn à Paul McCartney lors d'une interview en ligne organisée en mai 1997.

5 millions, c'est le nombre d'articles disponibles sur Amazon.com, le plus grand magasin en ligne.

22 millions, c'est le nombre de sites sur Internet. Cela représente 2,9 milliards de pages, dont 0,7 % en français.

GYMNASTIQUE

ATHLÉTISME

SPORTS DE COMBAT

SPORTS DE BALLON

SPORTS DE BALLE

SPORTS D'EAU

SPORTS D'HIVER

À CHEVAL

À VÉLO

EN AUTO

SPORTS EXTRÊMES

5 millions de Français pratiquent un sport. Quelques-uns décident même de lui consacrer leur vie. Ils réalisent parfois leur rêve : devenir un champion.

Rod Laver
(Australien, né en 1938) Tennisman. Exploit : a réalisé 2 fois le Grand Chelem en 1962 et 1969.

Carl Lewis
(Américain, né en 1961) Athlète (sprint et saut en longueur). Exploit : 9 médailles d'or aux J.O. de 1984, 1988, 1992, et 1996 8 titres de champion du monde.

Pelé
(Brésilien, né en 1940) Footballeur. Exploit : 3 coupes du monde, 1 281 buts inscrits en matchs officiels.

Jesse Owens
(Américain, 1913–1982) Athlète (sprint et saut en longueur). Exploit : 4 médailles d'or aux J.O. de Berlin en 1936.

Michael Jordan
(Américain, né en 1963) Basketteur. Exploit : 6 fois champion NBA avec son équipe des *Chicago Bulls* entre 1991 et 1998.

Juan-Manuel Fangio
(Argentin, 1911–1995) Pilote de Formule 1. Exploit : 5 titres de champion du monde entre 1951 et 1957, un record absolu.

Eddy Merckx
(Belge, né en 1945) Cycliste. Exploit : 5 tours de France, 5 tours d'Italie, 3 championnats du monde entre 1967 et 1974.

Nadia Comaneci
(Roumaine, née en 1961) Gymnaste. Exploit : médaille d'or aux J.O. de Montréal, en 1976, avec une succession de 10/10.

Paavo Nurmi
(Finlandais, 1897–1973) Coureur de fond. Exploit : 9 médailles d'or aux J.O. de 1920, 1924 et 1928.

Muhammad Ali
(Américain, né en 1942) Boxeur. Exploit : champion du monde des poids lourds de 1964 à 1967 et de 1974 à 1978.

Le sport

Nés pour gagner !

« Plus vite, plus haut, plus fort ! » : c'est la devise des jeux Olympiques. C'est aussi l'objectif de ces grands champions qui ont marqué le XXᵉ siècle. S'ils se sont illustrés dans des sports très divers, ils sont au moins unanimes sur un point : pour en arriver là, ils ont dû repousser leurs limites et faire de nombreux sacrifices.

Les jeux Olympiques

Le rêve de tout champion : décrocher une médaille d'or aux jeux Olympiques, le grand rendez-vous sportif. J.O. d'hiver et J.O. d'été sont organisés tous les quatre ans, chaque fois dans une ville différente. Voici quelques symboles des J.O.

Sur **le drapeau olympique,** les 5 anneaux symbolisent les 5 continents.

Allumée lors de la cérémonie d'inauguration, **la flamme olympique** ne s'éteint qu'à la fin des Jeux.

Au nom de tous, un athlète jure de concourir « dans un esprit de sportivité ». C'est **le serment olympique.**

Récompenses : **médaille** d'or pour le vainqueur, d'argent pour le deuxième, de bronze pour le troisième.

DOSSIER ARTS, LOISIRS, SPORTS

GYMNASTIQUE

Durant une compétition les gymnastes exécutent des exercices au sol et aux agrès (poutre, anneaux...).

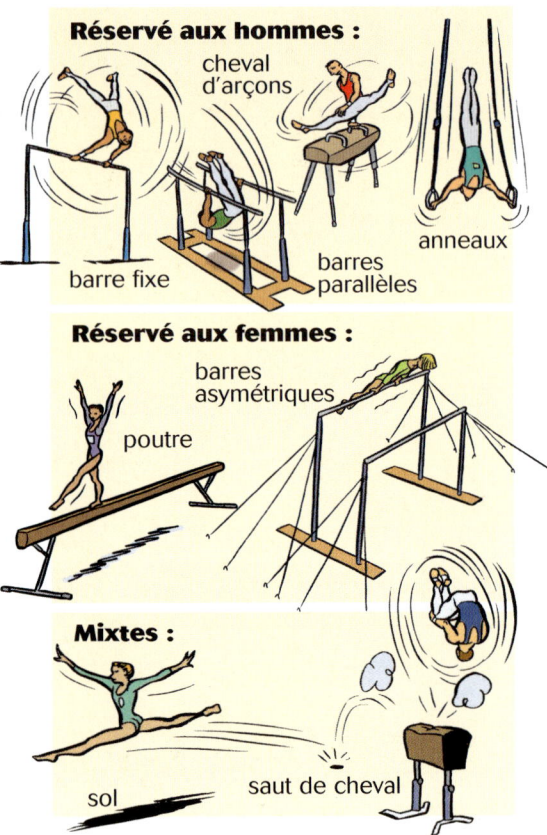

Réservé aux hommes : cheval d'arçons, barre fixe, barres parallèles, anneaux

Réservé aux femmes : barres asymétriques, poutre

Mixtes : sol, saut de cheval

MÉTIER

▶ Gymnaste

Je suis élève en seconde à l'INSEP (Institut National du Sport et de l'Éducation Physique). Chaque jour de la semaine, j'ai quatre heures de cours et cinq heures et demie d'entraînement. Aux exercices aux quatre agrès s'ajoutent les séances de préparation physique, surtout des assouplissements. Avant les grandes compétitions, on s'entraîne sept jours sur sept, en insistant sur les mouvements du programme. Trois fois par semaine, un kinésithérapeute vient nous masser.

ATHLÉTISME

Hérité de la Grèce antique, l'athlétisme reste le sport roi des jeux Olympiques. Il se divise en 3 catégories.

① Les courses

Du sprint au fond
Sprint (courses de vitesse) : 100, 200, 400 m.
Demi-fond et fond (courses d'endurance) : 800, 1 500, 5 000 et 10 000 m.
Autres : 20 km marche, marathon (42,195 km)...

Le relais
4 sportifs se relaient en se passant un bâton, le témoin. Chacun court 100 ou 400 m.

Les haies
Hommes : 110 et 400 m, 3 000 m steeple (haies + rivière).
Femmes : 100 et 400 m.

Les sauts

② À la perche
Dans les années 1960, les perches en fibre de verre ont aidé à gagner près de 1 m en 10 ans.

③ En hauteur
Avant 1968, on sautait en ciseau ou sur le ventre. Aujourd'hui, on saute en fosbury, sur le dos.

④ Triple saut
Après la « planche », l'athlète fait deux grands bonds avant de sauter dans le bac à sable.

⑤ En longueur
Si le sauteur prend son appui après la planche, on dit qu'il a « mordu » et son saut n'est pas validé.

Techniques de pointe

Depuis les coureurs grecs s'élançant sur les pistes en sable, que d'innovations techniques... et de records battus !

Le pistolet donne le départ de la course. Ce pistolet électronique ne tire pas de balles réelles.

Les starting-blocks sont munis d'un détecteur qui permet de repérer les « faux départs » : ceux qui ont lieu moins d'un dixième de seconde après le coup de pistolet.

Les chaussures de course sont conçues sur mesure pour mieux s'adapter à la morphologie des pieds des champions.

Les maillots flottants et les shorts d'hier ont été remplacés par **des combinaisons** moulantes, plus aérodynamiques. Le dossard est accroché au dos pour les courses de sprint, sur la poitrine pour les courses de fond.

À la Une
journal à parution quotidienne

Bob Beamon : le saut du siècle !

Le vendredi 18 octobre 1968, aux J.O. de Mexico, toutes les conditions sont réunies pour un concours de saut en longueur d'une qualité exceptionnelle : température idéale, vent favorable et air très peu dense (2 350 m d'altitude). Personne ne s'attendait néanmoins à l'incroyable performance de Bob Beamon qui, à son premier essai, réalise un saut à 8,90 m, soit 55 cm de mieux que le précédent record du monde ! Ce record inattendu ne sera battu qu'en 1991 par Mike Powell (8,95m).

SPORTS DE COMBAT

Ils ne servent plus à préparer les hommes au combat, mais plutôt à leur apprendre à maîtriser leur force.

Judo
Origine : Japon (dérivé du ju-jitsu).
Mots clés : judoka (pratiquant du judo), dojo (salle d'entraînement), tatami (tapis sur lequel a lieu le combat), judogi (vêtement du judoka).

Boxe anglaise
Origine : Grande-Bretagne.
Mots clés : uppercut (coup par en dessous), crochet (coup par le côté), knock-out ou K.-O. (boxeur groggy « au tapis » pendant 10 s), ring (aire de combat entourée de cordes).

Sur **le stade,** les épreuves se déroulent en même temps à des endroits différents.

Depuis 1968, **les pistes** sont recouvertes d'un revêtement synthétique en tartan. Elles sont plus rapides et sèchent plus vite en cas de pluie.

Les lancers

6 Marteau
Le marteau est un poids attaché à un câble de près de 1 m.

7 Poids
Le poids est une boule en métal d'au moins 7,2 kg (hommes) ou 4 kg (femmes).

8 Disque
Comme les lanceurs de poids et de marteau, le discobole ne doit pas sortir d'un cercle d'élan de 2,135 m de diamètre.

9 Javelot
L'athlète peut prendre son élan sur près de 30 m avant de lancer son javelot.

Lutte
Origine : Grèce.
Mots clés : lutte gréco-romaine (prises aux jambes interdites), lutte libre (prises aux jambes autorisées), tombé (avantage définitif par projection au sol des deux épaules de l'adversaire).

Escrime
Origine : Espagne.
Mots clés : fleuret (la pointe peut toucher le tronc de l'adversaire), épée (la pointe peut toucher toutes les parties du corps), sabre (n'importe quelle partie de la lame peut toucher au-dessus de la ceinture).

Le 100 m imaginaire
Pour cette épreuve de sprint légendaire, nous avons réuni les quatre derniers recordmen du monde :

Carl Lewis (États-Unis) : 9"86 en 1991
Leroy Burell (États-Unis) : 9"85 en 1994
Donovan Bailey (Canada) : 9"84 en 1996
Maurice Green (États-Unis) : 9"79 en 1999

Karaté
Origine : Chine/Japon.
Mots clés : kiaï (cri), mawashi geri (coup de pied circulaire au visage), kisami tsuki (coup de poing au corps), yoko geri (coup de pied latéral), mae geri (coup de pied direct).

DOSSIER — ARTS, LOISIRS, SPORTS — 33

Sports de ballon

Handball
Équipe : 7 joueurs.
Durée : 2 mi-temps de 30 mn.
But du jeu : marquer des buts en envoyant le ballon dans la cage adverse avec n'importe quelle partie du corps, sauf la partie inférieure de la jambe.
Principaux interdits : pénétrer dans la surface de but, faire plus de 3 pas avec le ballon.

Volley-ball
Équipe : 6 joueurs.
Durée : illimitée.
But du jeu : gagner 3 sets (un set = 15 à 25 points) ; marquer des points en envoyant le ballon à la main par-dessus le filet sur le sol du camp adverse.
Principaux interdits : toucher le filet, dépasser la ligne médiane.

Les règles du football et du rugby ont été codifiées au XIXe siècle dans les *public schools* anglaises. Le ballon, rond ou ovale, est devenu l'élément indispensable des sports collectifs les plus populaires.

Au football, la tactique la plus courante est aujourd'hui celle du « 4-4-2 » : 4 défenseurs, 4 milieux de terrain et 2 attaquants.

Football
Équipe : 11 joueurs.
Durée : 2 mi-temps de 45 mn.
But du jeu : marquer des buts avec n'importe quelle partie du corps, mis à part les mains, en envoyant le ballon dans la cage adverse.
Principales compétitions : Coupe du monde (compétition ayant lieu tous les 4 ans entre les équipes nationales du monde entier), Championnat d'Europe (compétition ayant lieu tous les 4 ans entre les équipes nationales européennes), Ligue des champions (compétition annuelle entre les meilleurs clubs européens).

Basket
Équipe : 5 joueurs.
Durée : 2 mi-temps de 20 mn.
But du jeu : marquer des points en envoyant le ballon à la main dans le panier adverse. Un panier vaut 2 ou 3 points, un lancer franc 1 point.
Principaux interdits : faire plus d'un pas sans dribbler, garder le ballon plus de 24 secondes sans tenter un tir, toucher l'adversaire.

Rugby
Équipe : 15 joueurs.
Durée : 2 mi-temps de 40 mn.
But du jeu : marquer des points grâce à des essais (plaquer le ballon derrière la ligne d'en-but adverse) ou à des tirs au pied au-dessus de la barre.
Principal interdit : passer le ballon en avant à la main.

Un arbitre, aidé par deux juges de touche, fait respecter les règles. En cas de faute, il peut sortir un carton jaune (avertissement) ou rouge (expulsion).

Des fautes...

Touche
Un joueur bleu a envoyé le ballon hors des limites latérales du terrain. Un joueur rouge vient remettre le ballon en jeu, à la main.

Corner
Un joueur rouge a envoyé le ballon derrière sa ligne de but. Un joueur bleu vient remettre le ballon en jeu, au pied, depuis le point de corner.

Hors-jeu
Il y a hors-jeu si, au moment où son coéquipier lui fait la passe, le joueur bleu est derrière le dernier défenseur de l'équipe rouge.

... des sanctions

Football américain
Équipe : 11 joueurs.
Durée : 4 quart-temps de 15 mn.
But du jeu : marquer des points grâce à des *touch-downs* (balle déposée derrière la ligne d'en-but adverse) ou des coups de pied au but.
Principal interdit : plaquer un joueur qui n'a pas le ballon.

Coup franc
Un joueur bleu a commis une faute sur un joueur rouge. L'arbitre siffle : « Coup franc ! » Un joueur rouge vient tirer le coup franc, toujours au pied, à l'endroit où la faute a été commise.

Penalty
Un joueur rouge a fait une faute sur un joueur bleu, dans la surface de réparation. L'arbitre siffle : « Penalty ! » Un joueur bleu vient tirer le penalty à 11 m du but adverse.

SPORTS DE BALLE

Pour pratiquer un sport de balle, il faut généralement s'équiper d'un instrument : raquette, batte, club...

L'Open d'Australie (Flinders Park) se déroule sur surface synthétique (Rebound Ace). C'est une surface rapide.

Le Grand Chelem
Quand un joueur gagne ces 4 tournois de tennis dans la même année, on dit qu'il a réussi le « Grand Chelem ».

Les internationaux de France (Roland-Garros) se disputent sur terre battue. C'est une surface lente.

Les internationaux de Grande-Bretagne (Wimbledon) se disputent sur gazon. C'est une surface très rapide.

L'US Open (Flushing Meadow, États-Unis) se dispute sur surface synthétique (Decoturf). C'est une surface rapide, mais plus lente que le gazon.

Tennis
Règle du jeu : avant qu'elle touche 2 fois le sol, le joueur doit renvoyer la balle au-dessus du filet dans les limites du terrain. S'il n'y parvient pas, son adversaire marque 15 points. Un match est divisé en sets, eux-mêmes divisés en jeux. Les hommes doivent remporter 3 sets pour gagner un match, les femmes 2.
Principaux pays : États-Unis, Suède, Australie, France, Grande-Bretagne, Espagne.

① **Le service :** si l'adversaire n'arrive pas à toucher la balle, on dit que le serveur a fait un *ace*.

② **La montée au filet avec revers :** c'est un coup d'attaque qui permet au joueur de monter à la volée.

③ **La volée :** en cassant légèrement le poignet, le volleyeur pourra réaliser un bel amorti. Les volées basses, très difficiles, nécessitent de bien plier les genoux.

④ **Le smash :** c'est un coup particulièrement puissant, joué au-dessus de la tête.

Squash
Règle du jeu : 2 joueurs côte à côte se renvoient une balle qui rebondit sur les 4 murs de la salle. Il faut gagner 3 jeux pour remporter le match.
Principaux pays : Grande-Bretagne, États-Unis, Allemagne, Australie, Égypte.

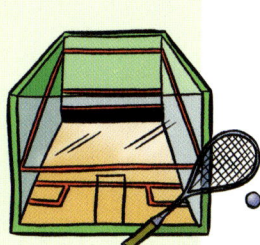

Tennis de table
Règle du jeu : pour remporter une manche, il faut faire 11 points, avec 2 points d'écart sur son adversaire. Pour gagner une partie, il faut gagner parfois 2, parfois 3 manches.
Principaux pays : avec 10 millions de licenciés, la Chine est le grand pays du ping-pong.

Golf
Règle du jeu : pour gagner une compétition de golf, il faut jouer le moins de coups possible sur un parcours de 18 trous.
Principaux pays : États-Unis, Japon, Canada, Grande-Bretagne.

Base-ball
Règle du jeu : 2 équipes de 9 joueurs s'affrontent, chaque équipe jouant alternativement en attaque et en défense.
Principaux pays : États-Unis, Cuba, Japon.

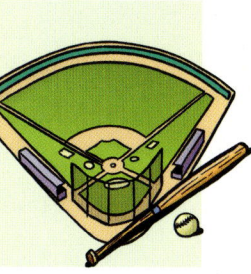

---

79 mn, c'est la durée du plus long échange de l'histoire du tennis. Il a eu lieu entre Mlles Marot et Ricard, le 28 mars 1981 à Roland-Garros.

239,7 km/h, c'est le service le plus rapide enregistré par radar. L'Anglais Greg Rusedski en est l'auteur.

31, c'est le nombre de Coupe Davis (compétition entre équipes nationales) remportées par les États-Unis depuis 1900. L'Australie suit derrière avec 27 victoires.

880 mille euros, c'est le montant reçu par l'Espagnol Rafael Nadal pour sa victoire à Roland-Garros en 2005.

SPORTS D'EAU

À la nage, à la rame, à la voile : les sportifs sont partis à la conquête de l'eau.

Surf
Originaire de Polynésie, le surf est aujourd'hui pratiqué sur tous les gros « rouleaux » du monde.

Ski nautique
Dernière mode : le ski pieds nus ou *barefoot*.

Plusieurs types de bateaux
Suivant les courses, on utilise des voiliers monocoques ou multicoques.

Planche à voile
Le planchiste dirige sa voile à l'aide du *wishbone*, une sorte de barre qui entoure la voile.

Plongée
À travers le monde, 4,5 millions de passionnés se donnent rendez-vous sous l'eau pour explorer les fonds sous-marins, leur faune et leur flore, découvrir des épaves, chasser ou tester leur capacité à descendre de plus en plus profond.

Les 4 nages olympiques

La brasse est comparable à la nage de la grenouille. (record 100 m : 1'00"36)

Le crawl, inventé par les Aborigènes, est la plus rapide. (record 100 m : 47"84)

Le dos est un crawl nagé sur le dos. (record 100 m : 53"60)

Le papillon est aussi appelé dauphin. (record 100 m : 51"81)

Avec bouteille
Depuis 1930, on utilise des bouteilles de plongée remplies de divers gaz (hydrogène, hélium, azote, oxygène). Mais attention à l'« ivresse des profondeurs » !

En apnée
L'apnée, c'est la plongée sans bouteille. En apnée statique, on cherche à rester le plus longtemps sous l'eau. Le record est de 7'35" !

SPORTS D'HIVER

Depuis 1924, les jeux Olympiques d'hiver proposent des épreuves de ski, de patinage, de glisse, de hockey sur glace... spectaculaires !

Ski acrobatique
Qu'il s'agisse de l'épreuve de saut ou de bosses (une piste de 250 m couverte de bosses de 1 m de haut !), le ski acrobatique est très impressionnant.

Slalom
Lors de sa descente, le slalomeur doit contourner toutes les « portes » (piquet de 1,80 m) sous peine d'être disqualifié.

Descente
Le tracé est aussi délimitée par des portes, mais le dénivelé est plus important et l'allure plus rapide qu'en slalom : jusqu'à 117 km/h de moyenne !

Avant 1960, on glissait sur des skis en bois, dans des chaussures souples à lacets.

Par la suite sont apparus les chaussures en cuir plastifié et les skis en fer, puis en fibre de carbone.

surf

monoski

Le surf des neiges connaît un succès moins éphémère que celui du monoski.

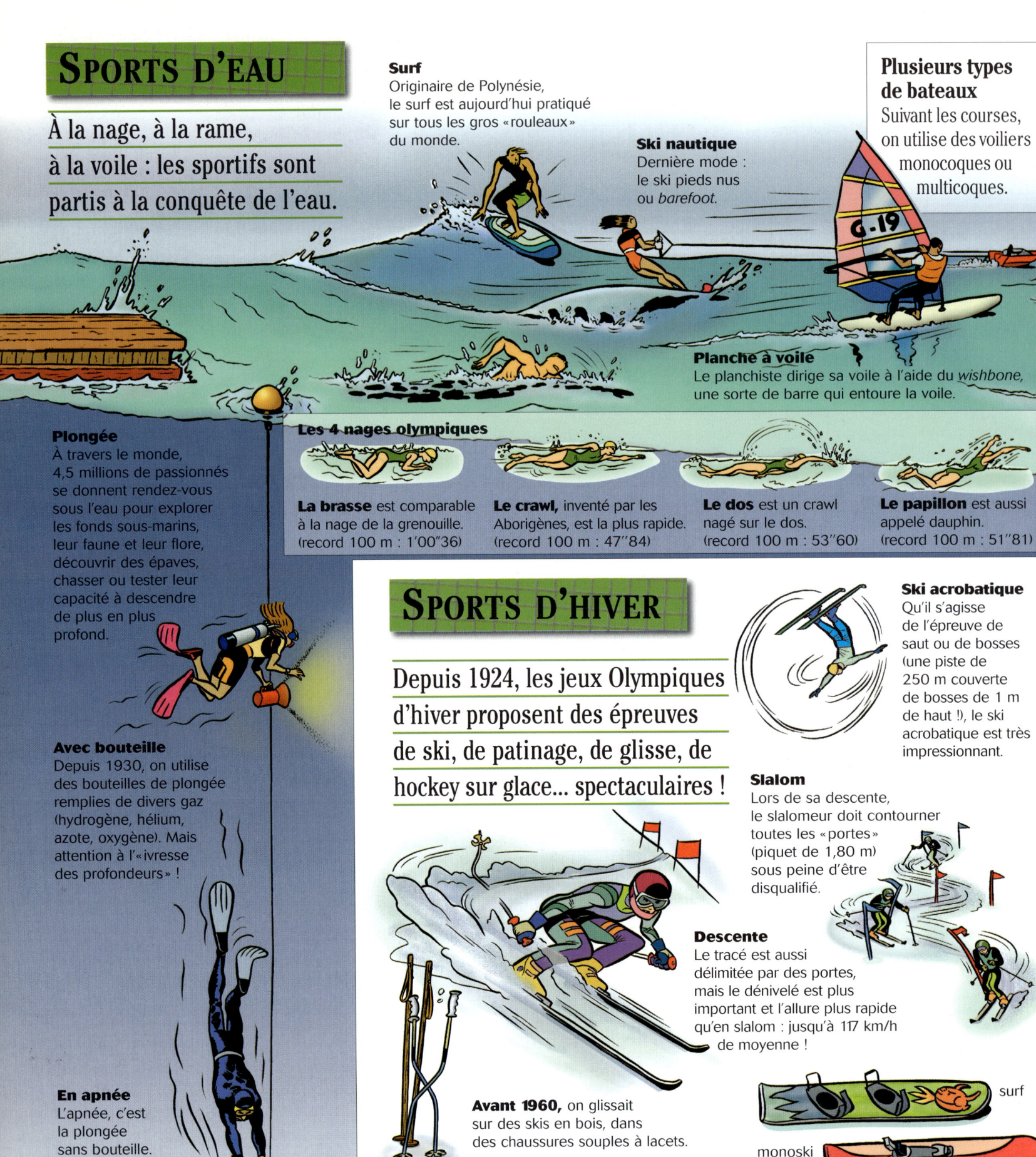

Le monocoque n'a qu'une coque.

Le catamaran, deux.

Le trimaran, trois. C'est le plus rapide.

Aviron
Sur le bateau, 2, 4 ou 8 rameurs, avec ou sans barreur.

Canoë-kayak
Le canoë se pratique avec une pagaie simple et le kayak avec une pagaie double, en eaux vives ou en eaux calmes.

Dériveurs
Les dériveurs se dirigent grâce à une dérive mobile plongée dans l'eau.

À la Une
journal à parution quotidienne

PRIX FRANCE MÉTROPOLITAINE : 1 €

Un tour du monde à l'envers !

Avec 151 jours de traversée sur un monocoque, Philippe Monnet a battu, le 9 juin 2000, le record du tour du monde le plus difficile : celui qui se fait contre les vents dominants. Mais il a dû au passage affronter bien des épreuves : tempêtes, icebergs, crise de paludisme et même éruption volcanique sous-marine !

Philippe Monnet lors de sa course.

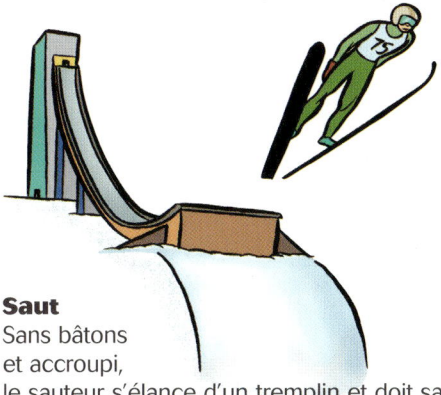

Saut
Sans bâtons et accroupi, le sauteur s'élance d'un tremplin et doit sauter le plus loin possible. Le jury prend en compte la longueur mais aussi le style du saut.

Ski de vitesse
La piste rectiligne permet d'atteindre des vitesses époustouflantes : jusqu'à 248 km/h (Harry Egger).

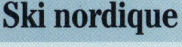

Ski nordique
Le ski nordique se pratique sur des pistes moins accidentées que celles du ski alpin. Ce terme recouvre le ski de fond mais aussi des épreuves mixtes comme le biathlon (fond et tir) ou le combiné nordique (fond et saut).

Luge et bobsleigh
La luge se pratique seul ou à 2, et le bobsleigh à 2 ou à 4, avec toujours un pilote à l'avant et un freineur à l'arrière. Objectif : descendre le plus vite possible une piste de glace.

Hockey sur glace
Deux équipes de 6 joueurs s'affrontent en essayant de faire entrer le plus souvent possible le palet dans le but adverse.

Patinage artistique
Il regroupe 3 épreuves : le patinage individuel, le patinage par couple et la danse sur glace.

Les courses
Elles prennent différentes formes :
• Les régates, comme l'*America's Cup*, se déroulent près des côtes sur un parcours délimité par des bouées.
• Les courses transatlantiques (ou transats) peuvent se faire en équipage ou en solitaire. La Route du Rhum relie Saint-Malo à Pointe-à-Pitre (7 200 km).
• Les courses autour du monde peuvent se faire avec ou sans escales (Vendée Globe).

Des outils de navigation

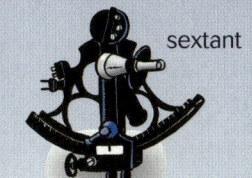 sextant

 boussole

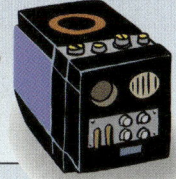 radio

DOSSIER ARTS, LOISIRS, SPORTS

À CHEVAL

Du cheval, le plus vieux moyen de transport, on a fait l'un des premiers sports : l'équitation.

Les courses
Il existe 3 types de courses : les courses de plat (chevaux de 2 à 4 ans), les courses de trot (chevaux de 3 à 10 ans) et les courses d'obstacles (haies, rivières...).

Le saut d'obstacles (ou jumping)
Le cavalier doit exécuter un parcours d'obstacles. Chaque fois que son cheval bute sur un obstacle ou refuse de l'affronter, il est pénalisé. Le plus difficile : franchir deux ou même trois obstacles à la suite.

Le cheval peut avoir **3 allures** :  **le pas** (6 à 8 km/h)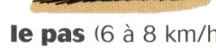

Les courses sur piste
Keirin, poursuite individuelle et par équipe et « kilomètre contre la montre » sont les principales compétitions organisées sur la piste des vélodromes. Certaines courses se déroulent sur plusieurs jours : c'est le cas des « Six Jours ». Avec leurs vélos sans freins ni dérailleur, les cyclistes peuvent atteindre la vitesse de 80 km/h.

À VÉLO

Sur piste comme sur route, l'ancêtre des sports mécaniques a gardé nombre d'admirateurs fascinés par la légende de la « petite reine » (la bicyclette).

Les courses sur route
Il y a les « classiques », qui se déroulent sur une journée. Il existe aussi les courses à étapes. Les plus célèbres sont le Tour d'Italie (le Giro), le Tour d'Espagne (la Vuelta) et surtout le Tour de France.

SPORTS EXTRÊMES

Depuis quelques années, la mode est aux sports extrêmes. Réservés aux amateurs de sensations fortes !

Parapente
Grâce à sa voilure rectangulaire très fine, le parapente peut décoller depuis les pentes moyennes ou fortes.

Hydrospeed
Sur son flotteur en polyéthylène, le nageur descend les torrents avec casque, gilet, gants, palmes et combinaison.

Escalade à mains nues
Pas de cordes, pas de piol[et] mais juste une paire de cha[ussons] et un peu de magnésie (po[ur] sur les mains pour assurer

Le dressage

Sous les ordres d'un cavalier qui doit montrer sa capacité à faire obéir sa monture, le cheval enchaîne une vingtaine de figures.

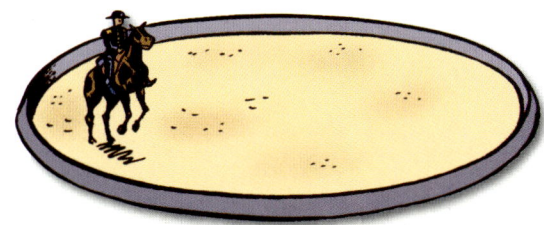

le trot (10 à 48 km/h)

le galop (15 à 62 km/h)

Les raids et rallyes

Les raids et les rallyes sont des courses à étapes qui se déroulent sur route avec des voitures de tourisme. Les raids (comme celui de Monte-Carlo) sont souvent plus longs et plus accidentés que les rallyes, par exemple le Paris-Dakar.

Lors d'un raid, le pilote est assisté d'**un copilote** pour s'orienter.

EN AUTO

Dangereux, mais grisants et spectaculaires, les sports automobiles constituent une fantastique vitrine pour les constructeurs de voitures.

La formule 1

En 1949, on a créé le championnat du monde de formule 1, réservé aux voitures les plus rapides. À chaque épreuve (Grand Prix), les écuries, l'ensemble des voitures courant sous la même marque, sont représentées par 2 pilotes. Les écuries les plus célèbres sont Ferrari, McLaren et Williams.

305 km, c'est la longueur moyenne d'un circuit de Grand Prix. Seul le Grand Prix de Monaco, plus dur, est beaucoup plus court (262,6 km).

258,984 km/h, c'est le tour de piste le plus rapide de l'histoire, réalisé par Ricardo Patrese aux essais du Grand Prix d'Angleterre en 1985.

Des maillots gagnants !

Le maillot à pois est porté par le meilleur grimpeur du Tour de France.

Depuis 1919, **le maillot jaune** permet de distinguer le leader du Tour de France.

Le vainqueur du Championnat du monde sur route reçoit **le maillot arc-en-ciel**.

Le VTT

Depuis leur apparition en 1983, les Vélos Tout Terrain ont permis aux cyclistes d'explorer des chemins jusque-là inaccessibles. Les épreuves de VTT se font sur des terrains accidentés... et sont très physiques.

Rafting

Les six passagers de ce radeau pneumatique tentent d'éviter les mille pièges des rivières et torrents.

Luge sur route

Un drôle d'engin sur roues dérivé du skate. Très impressionnant quand il atteint sa vitesse de pointe : 110 km/h !

Pour finir...

À voir
Les chariots de feu
de Hugh Hudson (1981)

Les yeux dans les bleus
de Stéphane Meunier,
Canal + vidéo (1998)

À lire
Premier de cordée,
coll. Livre de Poche, Hachette,
de Roger Frison-Roche

*Contes et récits
des Jeux Olympiques*,
Nathan, de Gilles Massardier

À visiter
Stade de France
93200 Saint-Denis

Musée alpin
La Résidence, Avenue M. Croz
74400 Chamonix Mont-Blanc

Ils ont marqué les arts...

Ils ont vécu à toutes les époques, de l'Antiquité à aujourd'hui. Ils viennent du monde entier. Ils sont écrivains, peintres, sculpteurs, acteurs, metteurs en scène, photographes, musiciens. Ils ont un point commun : ils ont marqué les arts par leur personnalité, leurs actes, leurs découvertes, leurs créations.

Homère (IXᵉ siècle av. J.-C.)

C'est le plus grand poète de l'Antiquité grecque, mais on n'est même pas sûr qu'il ait vraiment existé ! En tout cas, on lui attribue deux chefs-d'œuvre de la littérature universelle : l'*Iliade* raconte la guerre de Troie, avec ses deux héros le Grec Achille et le Troyen Hector ; l'*Odyssée* narre les aventures du héros grec Ulysse, qui, après cette guerre, met dix ans pour rentrer à Ithaque, sa patrie.

Michel-Ange (1475-1564)

Peintre, sculpteur et architecte, Michelangelo Buonarroti est l'un des artistes les plus géniaux de la Renaissance italienne. Il travaille pour tous les grands personnages de son époque. Les plus importants sont la famille des Médicis à Florence et le pape Jules II à Rome, qui lui commande les fresques de la chapelle Sixtine, la coupole de la basilique Saint-Pierre et son tombeau, chefs-d'œuvre que le monde entier admire.

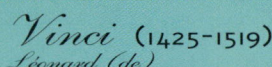

Vinci (1425-1519)
Léonard (de)

C'est l'un des hommes les plus créatifs de la Renaissance : inventeur génial, ingénieur, poète... et peintre, bien sûr (tout le monde connaît *La Joconde*, achevé en 1506) ! Né près de Florence, il devient, à l'âge de 17 ans, le peintre personnel du duc de Milan. En 1517, il est invité en France par François Iᵉʳ comme artiste, ingénieur et architecte du roi.

Bach (1685-1750)
Jean-Sébastien

Ce musicien allemand, qui joue de l'orgue, du clavecin et du violon, est aussi professeur de musique. Mais il est surtout l'un des plus grands compositeurs de tous les temps, avec, entre autres, *Le Clavecin bien tempéré*, les *Concertos brandebourgeois*, la *Passion selon saint Jean*, la *Passion selon saint Mathieu*, *L'art de la fugue*, ses *Cantates*... Marié à la charmante Maria-Magdalena, il a eu vingt enfants, dont quatre deviendront eux aussi des musiciens célèbres !

Rembrandt (1606-1669)

Ce peintre et graveur hollandais est le maître incontesté du « clair-obscur », l'art de jouer de l'ombre et de la lumière dans les tableaux. Très apprécié par ses contemporains, il reçoit de nombreuses commandes de sujets religieux (*Les Pèlerins d'Emmaüs*, par exemple) ou de portraits des maîtres artisans des corporations d'Amsterdam, dont le plus fameux est sans doute *La Ronde de nuit*.

Shakespeare (1564-1616)
William

Acteur, il écrit aussi de très nombreuses pièces de théâtre (farces, comédies, tragédies, féeries, drames), notamment *Roméo et Juliette*, *Le Songe d'une nuit d'été*, *Hamlet*, *Macbeth*, *Le Roi Lear*, *La Tempête*... Certains doutent qu'il en soit l'auteur car on ne possède aucun manuscrit de lui et il ne publiait pas sous son nom ! Pourtant, il s'agit bien d'une œuvre immense due à la plume d'un même écrivain.

Musique — *Cinéma* — *Littérature*

Diderot (1713-1784)
Denis

Ce philosophe français est un pionnier des idées novatrices des « Lumières » qui, au XVIIIe siècle, inspirent la Révolution française. À la fois penseur, romancier, critique d'art et auteur de pièces de théâtre, il dirige avec d'Alembert l'*Encyclopédie*, vaste ouvrage qui fait le tour des connaissances de son temps et auquel participent tous les savants et intellectuels : Voltaire, Rousseau, Montesquieu...

Mozart (1756-1791)
Wolfgang Amadeus

Ce compositeur autrichien extraordinaire commence très tôt sa brillante carrière : à 4 ans, il donne déjà des concerts de clavecin et, à 6 ans, il compose ses premières œuvres ! Il meurt jeune, après une vie de création très intense : opéras (*Don Giovanni, La flûte enchantée*...), symphonies, concertos, sonates, messes... Son immense talent est reconnu dans le monde entier, où il est très souvent joué.

Vermeer (1632-1675)
Johannes

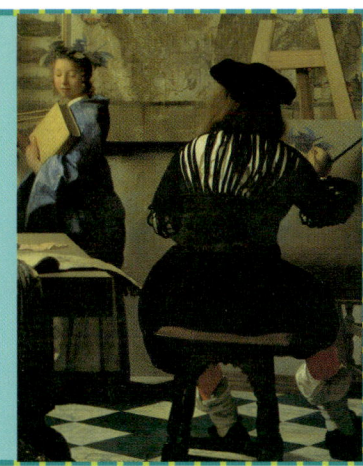

Les œuvres de ce peintre hollandais, très appréciées aujourd'hui, n'ont été redécouvertes qu'à la fin du XIXe siècle : pendant 200 ans, on l'avait oublié et on sait peu de choses de sa vie ! Mais les 40 tableaux que l'on connaît de lui sont admirables : compositions savantes dans des couleurs douces et lumineuses, intérieurs tirés de la vie quotidienne ou paysages de sa ville natale, Delft.

Molière (1622-1673)

Sous ce nom, Jean-Baptiste Poquelin fait une brillante carrière d'acteur et d'auteur comique. Après des années de tournées en France, il joue devant Louis XIV, à Paris, puis à Versailles : le succès est triomphal ! Composant des farces, des comédies et des comédies-ballets pour les fêtes royales, il fait rire, mais critique aussi les mœurs de son temps : cela lui vaudra bien des ennuis, notamment avec *Tartuffe*.

Goethe (1749-1832)
Johann Wolfgang von

Véritable génie universel, cet écrivain allemand est à la fois poète (*Le roi des aulnes*), romancier (*Les souffrances du jeune Werther, Les affinités électives*), auteur dramatique (*Faust*), essayiste et critique. Pionnier des idées romantiques, il invente des héros malheureux et révoltés contre l'ordre établi. Il devient quant à lui une sorte de patriarche, maître reconnu par tous de la littérature allemande.

Niépce (1765-1833)
Nicéphore

Ce physicien français est considéré comme l'inventeur de la photographie. C'est lui qui, dès 1812, parvient à réaliser des négatifs et des positifs. En 1816, il obtient les premières photographies sur du papier enduit de chlorure d'argent. Il permet ainsi à Louis Daguerre (1787-1851) de fixer en 1829 les premières images de chambres noires : les daguerréotypes.

Beethoven (1770-1827)
Ludwig Van

Influencé à ses débuts par Mozart et Haydn, ce compositeur allemand est le pionnier de la musique romantique. Bien que célèbre, il mène la vie la plus douloureuse qui soit pour un musicien : vers 30 ans, il devient sourd. Auteur de neuf symphonies (dont la *Pastorale*, l'*Héroïque* dédiée à Bonaparte et la *Neuvième*), il composa aussi des concertos, des sonates, des messes, un opéra (*Fidelio*) et le fameux *Hymne à la joie*, devenu l'hymne européen.

Hugo (1802-1885)
Victor

Ce très célèbre écrivain français, qui est aussi poète, romancier, auteur dramatique et dessinateur, prend la tête du mouvement romantique avec son drame *Hernani* et écrit des chefs-d'œuvre (*Les misérables* et *Notre-Dame de Paris*). C'est aussi un homme politique : élu député en 1848, il s'oppose au coup d'État de Napoléon III en 1852. Après un exil de vingt ans, il rentre en France couvert de gloire.

Arts plastiques — Photographie — **ARTS, LOISIRS, SPORTS**

Rodin (1840-1917)
Auguste

Célèbre sculpteur français, il s'est attaché à rendre les mouvements et les attitudes du corps (*Le baiser, Les bourgeois de Calais, Balzac, Le penseur…*). S'éloignant du romantisme, il est l'un des créateurs de la sculpture moderne. Un musée, situé dans sa dernière habitation, lui est consacré à Paris.

Monet (1840-1926)
Claude

Peintre français, il est, avec Renoir, l'un des inventeurs de l'impressionnisme, technique picturale qui cherche à rendre les « impressions » visuelles, dont les variations de la lumière. Il a peint *Déjeuner sur l'herbe, Impressions. Soleil levant*, la série des *Cathédrales de Rouen*… En 1833, il s'installe à Giverny où il crée son célèbre jardin. Il y réalisera de très nombreuses toiles, dont les *Nymphéas*.

Lumière
Louis (1864-1948) et Auguste (1862-1954)

Chimistes, ils sont les inventeurs du cinématographe, un appareil permettant à la fois la prise de vues et la projection de films. Le 28 décembre 1895 a lieu leur première projection publique. Ils réalisent ensuite de nombreux films, notamment *La sortie des usines Lumière, L'arroseur arrosé, L'arrivée du train en gare de La Ciotat*…

Rimbaud (1854-1891)
Arthur

C'est une étoile filante dans le ciel de la poésie française ! Avec ses premiers poèmes écrits à 17 ans (*Une saison en enfer, Illuminations*), il révolutionne l'art poétique par ses visions puissantes et son imagination. À 19 ans, il cesse d'écrire et part courir l'aventure en Europe, à Chypre, puis dans le Harar (Afrique de l'Est), où il tente de faire fortune. Hospitalisé à Marseille, il meurt à 37 ans.

Kandinsky (1866-1944)
Wassily

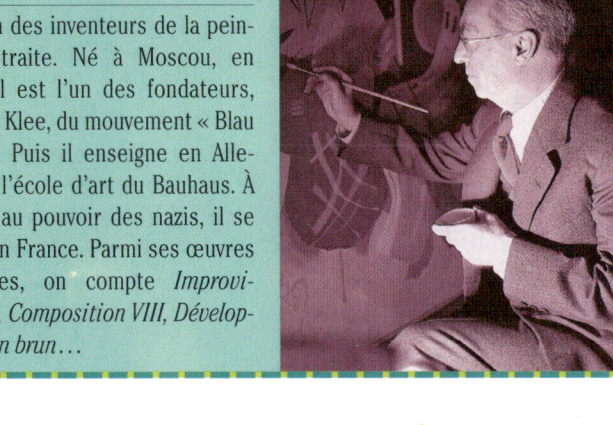

C'est l'un des inventeurs de la peinture abstraite. Né à Moscou, en Russie, il est l'un des fondateurs, avec Paul Klee, du mouvement « Blau Reiter ». Puis il enseigne en Allemagne à l'école d'art du Bauhaus. À l'arrivée au pouvoir des nazis, il se réfugie en France. Parmi ses œuvres principales, on compte *Improvisation 35, Composition VIII, Développement en brun*…

Chaplin (1889-1977)
Charles

Très doué, cet Anglais, qui a beaucoup travaillé aux États-Unis, est tout autant comédien réalisateur, scénariste que musicien. Ses courts et longs métrages, surtout muets, où il joue le rôle de Charlot, le rendent vite célèbre : de *L'émigrant* (1917) au *Dictateur* (1940), son premier film parlant, le succès est garanti. Dans ses derniers films, dont *Un roi à New York* (1957), Charlot n'apparaît plus…

Kipling (1865-1936)
Rudyard

Écrivain anglais né en Inde, alors colonie britannique, il passe sa vie à parcourir le monde. Cette existence inspire son œuvre, traduite dans toutes les langues et prix Nobel de littérature en 1907 : les deux *Livres de la jungle* évoquent le pays de son enfance et les *Histoires comme ça* recueillent entre autres des contes africains. Ses livres font connaître à l'Europe les autres continents.

Van Gogh (1853-1890)
Vincent

Ce peintre hollandais gagne d'abord sa vie comme marchand de tableaux. Il s'installe ensuite à Arles, dans le Midi de la France, où il peint de nombreuses toiles très colorées et tourmentées (*Les tournesols, L'Arlésienne, Autoportrait à l'oreille coupée, La chambre de Van Gogh*…). Pauvre, souffrant de troubles mentaux, il se suicide à l'âge de 37 ans, à Auvers-sur-Oise.

Musique — Cinéma — Littérature

Picasso (1881-1973)
Pablo

Ce peintre génial, né en Espagne, s'installe en France dès l'âge de 23 ans. C'est l'un des inventeurs de la peinture cubiste, technique qui fait figurer sur une même toile les sujets vus sous des angles différents. Il mourra à 92 ans, riche et célèbre, auteur d'innombrables toiles (*Les Demoiselles d'Avignon*, 1907 ; *Guernica*, 1937…), de sculptures et de céramiques.

Ellington (1899-1974)
Duke

Pianiste et chef d'orchestre, ce musicien noir est un des plus grands compositeurs de jazz américain. Il invente un style, le « jungle », adapté à un grand orchestre : sa musique est très cadrée tout en laissant part à l'improvisation. Les meilleurs jazzmen américains ont adoré travailler avec lui et enregistrer des succès comme *Mood Indigo* ou *Black, Brown and Beige*.

Hitchcock (1899-1980)
Alfred

Cinéaste britannique naturalisé américain, il est considéré comme le maître du mystère et du suspense. Il a réalisé un très grand nombre de films mondialement connus, dont *Les 39 marches* (1935), *L'inconnu du Nord-Express* (1951), *La mort aux trousses* (1959), *Psychose* (1960), *Les oiseaux* (1963)…

Doisneau (1912-1994)
Robert

Ce photographe français a commencé par travailler aux usines Renault avant de devenir reporter. Il a surtout photographié Paris, sa banlieue et la vie quotidienne des gens du peuple, en cherchant à exprimer leurs sentiments, leurs joies et leurs peines. Certaines de ses photos sont connues dans le monde entier !

Presley (1935-1977)
Elvis

Le « King », comme on le surnommait, fut d'abord un des pionniers du *rock and roll* et l'idole d'une génération. Influencé par le blues et la musique country, il a vendu des millions de disques (*Jailhouse Rock*, *Blue Suede Shoes*…). Il fut également acteur de cinéma.

Warhol (1928-1987)
Andy

Peintre et cinéaste, cet Américain s'attaque à l'art traditionnel. Esprit inventif et souvent provocateur, il est un des pionniers du Pop Art, inspiré par la publicité : représentation d'objets de la vie quotidienne, couleurs fluo, répétition d'images (portrait de Marilyn Monroe, en 1962). Il est aussi un des fondateurs du cinéma expérimental « underground », pour lequel il tourne ou produit de nombreux films.

Disney (1901-1966)
Walt

Les dessins animés de cet Américain ont séduit le monde entier. Dans les années 1930, il fera jouer Mickey, Donald, Pluto et les autres dans 400 courts métrages ! Puis il réalisera des longs métrages tout aussi fameux, de *Blanche-Neige* aux *101 Dalmatiens*. Après des débuts difficiles, Disney se retrouve très vite à la tête d'une entreprise gigantesque, de la production de films à la presse pour la jeunesse et aux célèbres parcs d'attractions.

The Beatles (1962-1970)

Ce groupe de quatre musiciens anglais (Ringo Starr à la batterie, John Lennon à la guitare d'accompagnement, Paul McCartney à la guitare basse et George Harrison à la guitare solo) est le plus célèbre de toute la musique pop, et toujours en tête des ventes 30 ans après ses premiers succès ! Leurs textes sont pour la plupart écrits par Lennon, et les musiques par McCartney : *Yesterday*, *Let it be*, *Yellow Submarine*, *Hey Jude*…

Arts plastiques — Photographie

QUIZZ DOKÉO — L'as-tu bien lu... Dokéo ?

Les scribes sumériens écrivaient sur l'argile avec…

- … un clou ?
- … un calame ?
- … un calumet ?

Solution : page 4

Le surf est originaire de…

- … Californie ?
- … Australie ?
- … Polynésie ?

Solution : page 36

En athlétisme, le 400 m est une course de…

- … sprint ?
- … demi-fond ?
- … fond ?

Solution : page 32

Une équipe de handball se compose de…

- … 5 joueurs ?
- … 7 joueurs ?
- … 11 joueurs ?

Solution : page 34

Le meilleur grimpeur du Tour de France porte un maillot…

- … jaune ?
- … à pois ?
- … arc-en-ciel ?

Solution : page 39

Dans un dessin animé, il faut 24 photos pour constituer…

- … 1 seconde de film ?
- … 10 secondes de film ?
- … 1 minute de film ?

Solution : page 18

Quelle danse est née en Argentine ?

- La samba ?
- La salsa ?
- Le tango ?

Solution : page 26

Parmi ces instruments à cordes, lequel est le plus gros ?

- Le violon ?
- Le violoncelle ?
- La contrebasse ?

Solution : page 24

D'Artagnan est originaire de…

- … Gascogne ?
- … Bourgogne ?
- … Dordogne ?

Solution : page 9

Don Quichotte est un héros qui aime lire…

- … des romans d'amour ?
- … des romans de chevalerie ?
- … des romans de science-fiction ?

Solution : page 9

L'alphabet hébreu comprend…

- … seulement des voyelles ?
- … seulement des consonnes ?
- … des voyelles et des consonnes ?

Solution : page 4

Quel tournoi de tennis est joué sur gazon ?

- Flushing Meadow ?
- Roland-Garros ?
- Wimbledon ?

Solution : page 35

Qui est Nadia Comaneci ?

- Une gymnaste ?
- Une danseuse étoile ?
- Une patineuse ?

Solution : page 31

Quel star du rock a été camionneur ?

- Chuck Berry ?
- James Brown ?
- Elvis Presley ?

Solution : page 25

Parmi ces peintres, lequel est un peintre romantique ?

- Jordaens ?
- Degas ?
- Delacroix ?

Solution : page 13

Qui est Duke Ellington ?

- Un grand musicien de jazz ?
- Un guitariste de blues ?
- Un chanteur de rhythm and blues ?

Solution : page 25

À la cour de Louis XIV, on trouvait souvent parmi les danseurs de ballet…

- … Mazarin, le conseiller du roi ?
- … Anne d'Autriche, la mère du roi ?
- … le roi lui-même ?

Solution : page 27

Pour peindre avec réalisme *Le Radeau de la Méduse*, Géricault…

- … garde des cadavres dans son atelier pendant plusieurs jours ?
- … part une semaine entière en mer sur un radeau ?
- … lit beaucoup de livres sur cette tragédie ?

Solution : page 10

On doit la première photographie à…

- … Jules Marey ?
- … Georges Méliès ?
- … Nicéphore Niépce ?

Solution : page 16

Shah Jahn fit construire le Taj Mahal pour honorer la mémoire de…

- … son épouse ?
- … son père ?
- … son frère ?

Solution : page 14

Les griots sont…

- … des danseurs aborigènes ?
- … des conteurs africains ?
- … des clowns américains ?

Solution : page 21

Dans un théâtre à l'italienne, on trouve les places les moins chères…

- … au paradis ?
- … au clapier ?
- … au poulailler ?

Solution : page 20

Utilisé par les militaires américains, l'ancêtre d'Internet s'appelait…

- … ARPANET ?
- … PARANET ?
- … RAPANET ?

Solution : page 30

Quelle est la tour la plus haute ?

- La tour Eiffel ?
- Les tours Pétronas ?
- La CN Tower ?

Solution : page 15

La technique du collage a été très utilisée par…

- … les réalistes ?
- … les fantaisistes ?
- … les surréalistes ?

Solution : page 11

INDEX

Les mots ou expressions apparaissant en caractères gras font l'objet d'une biographie, constituent le sujet d'une page ou sont traités sous forme de dossier (précisé entre parenthèses).

A

Accessoiriste 19
Accordéon 23
Ace 35
Acteur 19
Agrès 32
Aladin 8
Alhambra 15
Ali, Muhammad 31
Alice au pays des merveilles 8
Alphabet 4-5
America's Cup 37
Analphabétisme 5
Ananda 15
Apnée 36
Appareil photographique 16-17
 - jetable 17
 - numérique 17
Aquarelle 10
Arabe (alphabet) 4
Architecte 14
Architecture 14-15
Aristophane 20
Art 10-13
Article 28
Assistant-réalisateur 18
Athlétisme 32-33
Attaché de presse 7
Auteur 6-7
Aventures de Pinocchio (Les) 8
Aventures de Sherlock Holmes (Les) 8
Aventures de Tom Sawyer (Les) 9
Aviron 37

B

Bach, Jean-Sébastien 24, **40**
Bailey, Donovan 33
Balafon 21, 22
Balalaïka 23
Ballet 27
Banjo 23
Baroque
 - (art) 13
 - (musique) 24
Barre d'outils 30
Baryton 22
Base-ball 35
Basket 34
Basse 22
Batterie 22
Beamon, Bob 33
Beatles (The) 25, **43**
Be-bop 25
Beckett, Samuel 21
Beethoven, Ludwig van 41
Beffroi de Gand 15
Bengali (alphabet) 5
Berlioz, Hector 24
Berry, Chuck 25
Bicyclette 38-39
Blé 4
Blue screen 17
Blues 25
Bobsleigh 37
Boîte à rythme 22
Bouddhisme 5
Boussole 37
Bowie, David 25
Boxe anglaise 33
Brancusi, Constantin 11
Braque, Georges 11, 12
Brasse 36
Brève 29
Brown, James 24
Bruiteur 17
Buckingham Palace 14
Bugaku 27
Burell, Leroy 33
Burroughs, E.R. 9

C

Cabacca 22
Cadreur 18
Cage, John 24
Calame 4, 11
Calder, Alexander 11
Calibrage 7, 28
Calligraphie 4
Caméra 18
Canoë-kayak 37
Capa, Robert 17
Caravage (Le) 13
Caroll, Lewis 8
Casting 18
Catamaran 37
Cellulo 18
Cervantès, Miguel de 9
Cézanne, Paul 12
Championnat d'Europe (football) 34
Chanson de geste 24
Chant grégorien 24
Chaplin, Charles 42
Charles, Ray 24
Chat (Internet) 30
Chef opérateur 19
Cheval (sports à) 38
Chiffre 4
Chinois (alphabet) 5
Chopin, Frédéric 24
Chrétien de Troyes 8
Chronique 29
Chu'quôc-ngu 5
Cinéma 16-19
Cintre 20
Cirque 21
Cité interdite 14
Clair-obscur 10, 13
Cluny (abbatiale de) 14
CN Tower 15
Coca (château de) 14
Collage 11
Collodi, Carlo 8
Comaneci, Nadia 31
Comédie 20-21
 - musicale 21
Comédien 20
Complet-veston 27
Conférence de rédaction 28
Congas 22
Contralto 22
Contrebasse 23
Corneille, Pierre 21
Cornemuse 23
Corner 34
Correcteur 7
Corset 27
Costumière 21
Côte d'Ivoire 13
Coup franc 34
Coupe du monde (football) 34
Course (athlétisme) 32
Courtisan 26
Crayonné 7
Crawl 36
Crevés (vêtement) 26
Crinoline 27
Crochet 33
Cubisme 12
Cybercafé 30

D

Daguerréotype 16-17, 41
Danse 26-27
Daumier, Honoré 11
Davis, Miles 25
Décor 21
Defoe, Daniel 9
Degas, Edgar 10, 12
Delacroix, Eugène 13
Démotique 4
Derbouka 22
Dériveur 37
Derviche tourneur 26
Descente (ski) 36
Désinformation 29
Dessin
 - animé 18
 - préparatoire 11
Diderot, Denis 41
Didjeridoo 23
Disco 25
Disney, Walt 18, **43**
Djembé 22
Dogons 14, 26
Doisneau, Robert 17, **43**
Dojo 33
Dôme du rocher 15
Don Quichotte 9
Dos (nage) 36
Doyle, Sir Arthur Conan 8
Dracula 8
Drapeau 31
Dressage de cheval 39
Dumas, Alexandre 9

E

E-book 7
Écriture 4-5
Éditeur 6-7
Édito/Éditorial 29
Effets spéciaux 16-17
Ellington, Duke 25, **43**
E-mail 30
Empire State Building 15
Encyclopédie (L') 277
Enluminure 13
Enquête 28-29
Épée 33
Épidaure 14
Épreuve numérique 7
Équitation 38-39
Erwitt, Elliott 17
Escalade à mains nues 38
Eschyle 20
Escrime 33
Essai 34

F

Fangio, Juan-Manuel 31
Feydeau, Georges 21
Film 16-19
Flamenco 26
Flamme olympique 31
Fleuret 33
Flûte
 - de Pan 23
 - nasale 23
 - traversière 23
Football 34
« Formule 1 » 39
Fosbury 32
Fraise (vêtement) 26
Frankenstein 8
Franklin, Aretha 24
Fresque murale 12
Fusil photographique 16

G

Galop 39
Gargantua 9
Gaye, Marvin 24
Genres
 - cinématographiques 19
 - littéraires 8-9
Géricault, Théodore 10-11
Gizeh 15
Gnawa 26
Goethe, Johann Wolfgang von 41
Golf 35
Gospel 25
Gouacheur 18
Gour Emir 15
Grand Prix d'Angleterre 39
Grand Prix de Monaco 39
Grec (alphabet) 5
Green, Maurice 33
Griot 21
Grosse caisse 22
Guggenheim (musée) 14
Guitare 23
Gymnaste 32
Gymnastique 32

H

Habitat 14-15
Haie 32
Haka 27
Hautbois 23
Hébreu (alphabet) 4
Héros littéraires 8-9
Herse (théâtre) 21
Hiéroglyphe 4
Hip-hop 26
Hiragana 4
Hitchcock, Alfred 43
Hockey sur glace 37
Home studio 22
Homère 40
Homme de Cro-Magnon 12
Hugo, Victor 21, **41**
Hydrospeed 38

I

Iconographe 7
Idéogramme 4-5
Iliade (L') 9, 40
Illustrateur 7
Illustration 7
Image de synthèse 19
Impressionnisme/ Impressionnistes 10, 12, 42
Imprimerie 5
Imprimeur 7, 29
Inde 5
Indien d'Amérique du Nord 13
Information 28-29
Ingénieur du son 19
Instamatic 17
Instrument de musique 22-23
 - à cordes 23
 - à vent 23
Internet 7, 29, **30**
Interview 28-29
Ionesco, Eugène 21
Islam 4

J

Jazz 25
Jeux Olympiques 31-33, 36
Johnson, Robert 25
Jordaens, Jacob 13
Jordan, Michael 31
Journal 28-29
 - historique 28
Journaliste 28
Judo 33
Judogi 33

Judoka 33
Jumping 38
Jungle (musique) 43

K

Kalungu 22
Kandinsky, Wassily 12-13, **42**
Karaté 33
Katagana 4
Keirin 38
Khéops 15
Kiaï 33
Kipling, Rudyard 42
Kisami tsuki 33
Kizhi (île de) 15
Knock-out 33
Kool and the Gang 25
Kora 21, 23
Koto 23
Kraftwerk 25
Kuerten, Gustavo 35

L

Labiche, Eugène 21
Lancelot 8
Lancer 33
Laver, Rod 31
Leica 16
Lewis, Carl 31, 33
Liberté (statue de la) 15
Lichtenstein, Roy 12
Ligue des champions (football) 34
Limbourg, frères de 13
Linéaire A 4
Livre (fabrication) 6-7
Loge 21
Luge 37
 - sur route 39
Lumière, Auguste et Louis 16, **42**

M

Machiniste 18
Mae geri 33
Mahomet 15
Maillot (cyclisme) 39
Maison 14-15
Maison-Blanche 15
Manet, Édouard 12
Manuscrit 7
Maquette 7, 29
Maquettiste 6-7
Maquilleuse 18, 21
Maracas 22
Marey, Jules 16, 17
Marionnette de Java 21

Marley, Bob 25
Mawashi geri 33
Méliès, Georges 16
Merckx, Eddy 31
Mésopotamie 4
Metteur en scène 20
Mezzo-soprano 22
Michel-Ange 11, 13, **40**
Mille et une nuits (Les) 8
Mini-jupe 27
Miracle 21
Mixage (table de) 22
Moai 12
Mobile 11
Mode 26-27
Molière, Jean-Baptiste Poquelin, dit 21, **41**
Monet, Claude 12-13, **42**
Monnet, Philippe 37
Monocoque 37
Montagne 19
Monte-Carlo (raid de) 39
Monteverdi, Claudio 24
Mosaïque 12
Mosquée 15
Moulage 11
Moyen Âge 13
Mozart, Wolfgang Amadeus 24, **41**
Musique 22-25
Muybridge, Eadweard 17
Mystère (théâtre) 21

N

Nage olympique 36
Newsgroup 30
New Look 27
Niépce, Nicéphore 16, **41**
Notre-Dame de Paris 15
Nurmi, Paavo 31

O

Odyssée (L') 9, 40
Open d'Australie 35
Orchestre symphonique 23, 24
Ordinateur 5, 30
Outil
 - de peinture 10
 - pour dessiner 11
 - pour écrire 4-5
 - pour sculpter 11
Owens, Jesse 31

P

Palmyre 14
Papier 4
Papillon (nage) 36
Papyrus 4
Pâques (île de) 4, 12
Parapente 38
Parchemin 5
Paris-Dakar 39
Parthénon 14
Pas (cheval) 39
Pastel 10
Patinage artistique 37
Patrese, Ricardo 39
Peinture 10-13
Pelé 31
Penalty 34
Perchiste 19
Percussions 22-23
Père-Lachaise (cimetière du) 14
Perspective 13
Pétronas (tours) 15
Phénicie/Phéniciens 5
Photographie 16-17
Photograveur 7
Piano 23, 24
Picasso, Pablo 12, **43**
Pictogramme 4
Pigment 10
Pise (tour de) 15
Piste (athlétisme) 33
Planche à voile 36
Plongée 36
Point de fuite 13
Polaroïd 17
Polka 27
Pompéi 13
Pop Art 12
Pop Music 25
Poulaine 26
Powell, Mike 33
Préhistoire 12
Presley, Elvis 25, **43**
Production de cinéma 18
Public Enemy 25
Purcell, Henry 24
Pyramide 14
 - de Gizeh 15

Q

Quotidien (journal) 28-29

R

Rabelais, François 9
Racine, Jean 21
Radio 37
Rafting 39

Raid 39
Rallye 39
Rap 24-25
Raphaël 13
Ray, Man 17
Réalisateur 18
Records sportifs 31
Rédacteur en chef 28
Redding, Otis 24
Redingote 27
Reflex autofocus 17
Reggae 25
Régisseur lumière/son 20-21
Relais 32
Rembrandt, Harmenszoon van Rijn, dit 40
Renaissance 13
Reportage 29
Retable 13
Rétroprojection 16
Revers 35
Rhythm and blues 25
Rideau
 - d'avant-scène 20
 - de fer (théâtre) 20
Rimbaud, Arthur 42
Ring 33
Robe à panier 26
Robinson Crusoé 9
Rock and roll 25, 26, 43
Rodin, Auguste 42
Roland-Garros 35
Roman 8-9
Romantisme 13
Rough 6-7
Route du Rhum 37
Rugby 34
Rune 4
Rusedski, Greg 35

S

Sabre 33
Salsa 26
Samba 26
Sampler 22
Satie, Erik 24
Saut 32-33, 37
Saxophone 23
Scénario 18
Scénographe 21
Scoop 28
Scribe 4
Sculpture 11
Secrétaire de rédaction 29
Séquenceur 22
Serment olympique 31
Serpent 34
Service 35

Sextant 37
Shakespeare, William 40
Shelley, Mary 8
Sitar 22-23
« Six Jours » 38
Ski 36-37
Slalom 36
Smash 35
Smiley 30
Sophocle 20
Soprano 22
Soul 24-25
Sport (dossier) 31-39
Sprint 32
Square dance 26
Squash 35
Stade de France 14
Starting-block 32
Steel drums 22
Stoker, Bram 8
Studio 19
Stylo 5
Sumer/Sumériens 4
Summer, Donna 25
Superman 17
Surf 36
 - des neiges 36
Sydney 14

T

Taj Mahal 14
Tango 26
Tarzan, roi des singes 9
Tatami 33
Techno 25
Tennis 35
 - de table 35
Ténor 22
Tessiture 22
Théâtre 20-21
 - de boulevard 21
Tirage 19
Touch-down 34
Tour
 - d'Espagne 38
 - d'Italie 38
 - de France 38
 - du monde 37
 - Eiffel 15
Tracé filaire 17
Traceur 6-7
Tragédie 20-21
Triangle 22
Trimaran 37
Tristan et Iseut 9
Trois mousquetaires (Les) 9
Trompette 23

Trot 39
Troubadour/Trouvère 24
Trucage 17
Tuba 23
Turner, William 10
Twain, Mark 9

U

Ulysse 9
Uppercut 33
URL (adresse) 30
US Open 33

V

Valse 26
Van Eyck, Hubert et Jan 10
Van Gogh, Vincent 42
Vélo 38
Vendée Globe 37
Vermeer, Johannes 41
Vie inestimable du grand Gargantua (La) 9
Vietnam 5
Vinci, Léonard de 13, **40**
Violon 23, 24
Violoncelle 23
Voix 22
Volée 35
Volley-ball 34
VTT 39

W

Warhol, Andy 12, **43**
Web (World Wide Web) 30
Wimbledon 35

X

Xylophone 22

Y

Yoko geri 33

Z

Zoulous 26

CRÉDITS PHOTOGRAPHIQUES

4 ht d ARCHIVES NATHAN/B.Sonneville ; **4** ht g ARCHIVES NATHAN ; **5** ARCHIVES LARBOR ; **5** bas d Photodisc Inc ; **5** ht d ARCHIVES NATHAN ; **5** ht m RMN/R.G.Ojeda ; **5** m d CIRIC/S.Sprague ; **10** bas d RMN/Schormans ; **10** bas g AKG Paris ; **10** ht d ARCHIVES LARBOR/photo H.Josse ; **11** bas d ARCHIVES LARBOR (c) Adagp, Paris 2001, Calder :«Janey Waney», 1969 ; **11** bas g ARCHIVES LARBOR/photo L.Joubert (c) Adagp, Paris 2001, G.Braque : «Le quotidien», 1912-1913 ; **11** ht d GIRAUDON/Alinari ; **11** ht g MUSEE BEAUX-ARTS, ROUEN/photo D.Tragin-C.Lancien ; **11** m d RMN/H.Lewandowski ; **11** m g AKG Paris/Werner Forman ; **11** m m Photo CNAC/MNAM Dist.RMN (c) Adagp, Paris 2001, Brancusi :» Muse endormie», 1910 ; **12** bas d AKG Paris/(c) Adagp, Paris 2001, A.Warhol : «Campell's Soup can 1», 1969 ; **12** bas g COURTESY GALERIE DANIEL MALINGUE, Paris/(c) Adagp, Paris 2001, W.Kandinsky : Aquarelle (avec tache rouge), 1911 ; **12** ht d RMN/Bulloz ; **12** ht g ARCHIVES LARBOR/photo.C.Roux ; **12** m d ARCHIVES LARBOR/H.Josse ; **12** m g ARCHIVES NATHAN/(c) Succession Picasso, Paris 2001, P.Picasso : «Portrait de Marie-Thérèse Walter», 1937 ; **12** m hd CORBIS/Charles et Josette Lenars ; **13** bas d DIAF/Eurasia Press ; **13** bas g RMN/Labat/CFAO ; **13** ht d ARCHIVES LARBOR ; **13** ht g RMN/R.G.Ojeda/Chantilly Musée Condé ; **13** m d ARCHIVES LARBOR/photo H.Josse ; **13** m g RMN ; **14** JERRICAN/de Hogues ; **16** bas Collection CHRISTOPHE L. ; **16** ht Ville de Chalon-sur-Saône, France/MUSEE NICEPHORE NIEPCE ; **16** BRIDGEMAN ART LIBRARY/Stapleton collection ; **17** bas Collection CHRISTOPHE L. ; **17** MAGNUM/Elliot Erwitt E «Miscellaneous» United States. New York City. ; **17** m Collection CHRISTOPHE L./Superman de Richard Donner, 1978 ; **18** bas (c) WALT DISNEY FEATURE ANIMATION/TWDCF ; **19** ht d Collection CHRISTOPHE L. ; **19** ht g DR ; **19** ht m Collection CHRISTOPHE L. ; **21** bas RAPHO/Manaud ; **21** bas m BERNAND/Pascal Gely ; **21** ht ENGUERAND/Agostino Pacciani ; **21** ht m ENGUERAND/Masson ; **27** bas BERNAND ; **27** ht MARY EVANS PICTURE LIBRARY ; **27** m ENGUERAND/Colette Masson ; **28** STONE ; **30** GAMMA/David Lefranc ; **29** AFP ; **33** CORBIS/Bettmann ; **37** VANDYSTADT/T.Martinez ; **40** ht g DAGLI ORTI G. ; **40** bas g ARCHIVES NATHAN ; **40** ht d AKG Paris ; **40** m g AKG Paris ; **40** bas d RMN/H.Lewandowski ; **40** m d DAGLI ORTI G. ; **41** ht g ARCHIVES NATHAN ; **41** m ht g AKG Paris/Erich Lessing ; **41** hd ARCHIVES NATHAN ; **41** bas g DAGLI ORTI G. ; **41** ht d DAGLI ORTI G. ; **41** m bd Bridgeman-GIRAUDON ; **41** bd ARCHIVES NATHAN ; **42** bas d RMN/G.Blot ; **42** ht g GIRAUDON/Archives Larousse ; **42** m bd (c) ROY EXPORT COMPANY ESTABLISHMENT 2001 ; **42** ht d RMN/J.G.Berizzi ; **42** m hg ARCHIVES NATHAN ; **42** m hd RMN/H.Lewandowski ; **42** m b LIPNITZKI/VIOLLET ; **42** bas g ARCHIVES NATHAN ; **43** ht ARCHIVES NATHAN/Pablo Picasso : «Autoportrait»1901(c) Succession Picasso, Paris 2001 ; **43** ht d COSMOS/LFI/Herb Snitzer ; **43** m d RAPHO/J.L.Courtinat ; **43** bd AKG Paris/Andy Warhol «Autoportrait», 1967 (c) Adagp, Paris 2001 ; **43** m hg ARCHIVES NATHAN ; **43** bas g AKG Paris ; **43** m bg COSMOS/Snap/Chapman collection ; **43** bas d COSMOS/LFI/HA ; **44** ht g ARCHIVES NATHAN

CRÉDITS DES ILLUSTRATEURS

Art Presse : 17
Pascal Baltzer : 18-19 ; 28-29
Robert Barborini : 20-21 ; 45
Yves Beaujard : couverture ; page de titre ; 14-15 ; 31 ; 33 ; 45
Buster Bone : couverture ; page de titre ; 16-17 ; 24-29 ; 44-45
Cécile Chaumet : couverture ; page de titre ; 31-39 ; 44

Ludovic Debeurme : couverture ; page de titre ; 8-9 ; 44
Philippe Gauckler : couverture ; fond de couverture ; pages de garde ; 3
Inklink : 18-23
Emmanuel Kerner : couverture
Laurent Lolmède : 26-27
Philippe Mignon : couverture ; page de titre ; 4-5 ; 10-11 ; 45

Bruno Salamone : 22
Olivier Schwartz : couverture ; page de titre ; 31-39 ; 44
Tal Zana : 6-7 ; 12-13 ; 24-25

ARCHIVES LAROUSSE : 23

Conforme à la loi n° 49.956 du 16 juillet 1949 sur les publications destinées à la jeunesse.
N° de projet : 10134388 Dépôt légal : octobre 2006
Imprimé en Espagne par Graficas Estella